“Diego, León, Anna y María”

Mis luceros más brillantes

Dedicatoria

Te dedico este manuscrito a ti que no te conozco, pero sé del dolor profundo que experimentaste cuando te dijeron que no podrías conseguirlo.

Te lo dedico a ti, que deseaste morir cuando también faltaron ellos.

Esto es para ti que un día creíste que no sonreirías jamás después del vacío que carcome el alma y, de pronto, te descubriste riendo.

Escribí para ti que te sentiste invisible, obsoletx y sin esperanza cuando todo lo que tenías lo habías invertido para cumplir el sueño que no sucedió.

Quise hablar para ti, porque escuché tu dolor ahogado, con necesidad absoluta de sentirte escuchadx, vistx, abrazadx.

Estas líneas son para ti que decidiste buscar ayuda, te cobijaste en la compasión compartida y entonces aún con dolor, sigues adelante y vuelves a decidir por la vida.

Lo pensé para ti, profesional del área médica que quizás no sabes del bálsamo para el alma que tienes en tus manos y tus palabras.

Y también es para ti que no te has dado cuenta de que crear vida para millones de habitantes del planeta requiere mucho más que sólo desearlo y volverlo deseable.

Finalmente, te lo dedico a ti que, de forma amorosa, transitaste con paciencia tu reconstrucción personal, de pareja o familiar después del cataclismo del duelo.

Agradecimientos

Primero y por siempre a mi Dios y María.

A mis padres, que han sido amor desde antes de mi llegada al planeta tierra y me mostraron el camino para amar de forma incondicional a quienes vienen de mí.

Hermanos, son la familia que es mi constante, la que con palabras o en silencio sostienen mi corazón en toda circunstancia. André y Liam, su presencia es mi esperanza.

Aletheia y Marce, su cariño en mi vida me abraza y acompaña como un bálsamo de esperanza, amor y sororidad; los momentos más obscuros se iluminan con su alma.

Georgina González, @duelo_respetado_podcast y tú resignificaron mi noche obscura del alma. Gracias por abrazar a tu tribu con tanta compasión y amor.

A mi equipo médico; desde el día uno y hasta el final tomaron nuestra mano, acompañaron el proceso y transitaron cada fase vivida. No habríamos podido llevar a cabo el sueño sin ustedes.

A cada mujer, hombre y pareja que abrió su historia conmigo para conocer y entender el significado de la búsqueda de la maternidad/paternidad en los tratamientos de fertilidad y sus pérdidas. Honro su camino y proceso.

Roberto Osorno, gracias por escucharme con emoción e ilusión, por abrirte a la oportunidad de entender la necesidad de quienes vivimos los procesos de reproducción asistida. Tu guía y acompañamiento fue fundamental e hizo latir muy fuerte mi corazón y orientó mi pensamiento.

A las decenas de mujeres que me han permitido acompañarlas en los círculos de duelo por fertilidad de @duelo_respetado_podcast y de forma individual. Espero que este manuscrito brinde voz a aquello que ha dolido de forma profunda y silenciosa, honro su historia y legado, la vida y presencia de sus hij@s.

Rocío, Blanquita y Paty, gracias por leerme, escucharme y abrazarme cada jueves de escritura. Son mi familia por elección.

_Juan Pedro Ponce, tu arte ha sido el mejor regalo. Gracias por resignificar esta historia a través de tus trazos.

A mis hijxs, Montse y Natalia. Gracias por amar, visibilizar y nombrar; por ser la mejor familia que pude haber deseado.

A mi esposo Julio César, ser tu esposa y ser padres es el mejor regalo que Dios y la Virgen han podido darme. Gracias por cada ilusión compartida, por el amor incondicional, por confiar y caminar en todo momento de la mano.

INDICE

Prefacio

Ensoñación

Deseo experimentar la sensación de mis pies corriendo hacia el mar, la temperatura alta consume mis plantas, no importa la edad ni el paso del tiempo, eso permanece inquebrantable, como un susurro eterno.

Quería que se hundieran mis pies y las huellas permanecieran ahí, voltear y abrazarte, correr juntas sin parar. Llegar hasta las olas y salpicarnos, sentir la espuma, la piel quemada, encontrarnos haciendo guiños tratando de escapar de los rayos del sol.

La sensación de la sal sobre la cara, voltear a verte y vibrar. Deseaba con toda mi alma que lo sintieras también, lanzarte y abrazarte mientras sonreías y gritabas de alegría porque ese momento era perfecto. Podría olerte, no dejarte ir.

Y los observo a ellos, a todos los que me rodean con sus hermosos milagros caminando sobre la tierra, ¿quizás lo desearon tanto que se hizo realidad? ¿Quizás nunca pararon de pedir, de orar, de hacer sacrificios, de invertir? Quizás ellos no dijeron "ya no más" y lograron convertir su sueño en pequeños seres de carne y hueso. Pero en un instante regreso a ti, a creer que puedo sentarme en la arena, hacer hoyos profundos, enterrarnos y dejar que el agua haga su trabajo, nos limpie o nos arrastre, tomarte de la mano y que te enteres que siempre estaré ahí, que quizás tendremos que sacudirnos, pero que no temas porque estoy para ti.

Hubiera deseado tanto ver tus ojos, esos grandes brillantes y centellantes faros que alumbran el camino de tu corazón, ese que me seguiría dando aliento, motivos para respirar colgados de tu sonrisa disfrutando la vida. Pero volteo a verme a mí, ahí parada frente al océano observando su inmensidad, sin haberme llenado de arena, de agua o de risas, sintiendo el aire que me golpea, con la garganta hecha nudo al caer en cuenta de que ese instante imaginado no eras tú, era solo yo.

Al igual que a mí y, según lo que la ciencia clama, millones de personas en este mundo han vivido la experiencia única de buscar ser padres envueltos en el camino de la negación de su fertilidad; y más aún habiéndolo ya conseguido y elevándose a la expresión más alta de la alegría, en un instante han quedado con la pérdida de este regalo, con dolor, vacío, frustración, envidia, desesperanza.

Cuando comencé a escribir este manuscrito, lo hice con una historia diferente en mente. Sentía miedo en cada fibra de mi ser, pero tras un proceso de reflexión profunda, el deseo de entenderlo todo creció, impulsado por la experiencia previa trabajando con pacientes crónicos.

Al no encontrar respuestas a mis preguntas, decidí experimentar en mí misma con la intención de luego compartir con otros. No sé si esa fue mi verdadera falta, tal vez demasiada osadía, pretensión, soberbia. Sin embargo, había aprendido con anterioridad que, lograrlo era posible, que el conocimiento, especialmente el ***know-how***, es algo tan valioso que no debe permanecer oculto.

Lo que se conoce y no se comparte se muere y yo no deseaba la muerte en su más mínima expresión, estaba convencida de que no me pisaría los talones ni por asomo (una más de mis falacias).

Las páginas siguientes contienen mucho más que simples crónicas de lo sucedido, mis palabras tienen un propósito más profundo.

Pretenden ser un llamado a la visibilidad, a la compasión que abre fronteras y conecta realidades, a la cruda experiencia de la búsqueda de la maternidad/paternidad que convive con la pérdida y también con la presencia del duelo invisible.

Cierro esta introducción expresando mi más profundo agradecimiento a quienes se acerquen a leer estas líneas entrelazadas. Gracias por permitirme honrar el legado de mis amores, así como el de tantos otros que, por diversas razones, no han podido ser visibilizados ni homenajeados. Este es un acto de memoria, de amor y de respeto, tanto para ellos como para todas las historias que permanecen en silencio, esperando ser contadas.

Karen Solis
Tlaquepaque, Jalisco, agosto 2025

Prólogo

Conocí a Karen mientras atravesaba la parte más álgida de su noche oscura del alma. Quienes hemos transitado ese camino sabemos lo que implica: la incertidumbre, la culpa, la incomodidad de no reconocerte en quién eras, pero tampoco adaptarte todavía a quién ahora eres. Caminamos juntas entre los fragmentos de un alma rota, el esfuerzo de la reconstrucción y el poner al servicio de la vida la experiencia nacida en medio de ese proceso.

En México —y me atrevo a decir, en buena parte de América Latina— se habla poco de salud reproductiva. Nos bombardean con información sobre anticonceptivos, sobre la importancia de disfrutar la sexualidad, sobre no "echar a perder la vida con un embarazo no deseado". Pero casi nunca se habla de lo contrario: ¿qué ocurre cuando la vida se detiene en seco y aquello que anhelas te es arrebatado?

Este libro no pretende ofrecer el hilo negro a esa encrucijada que viven miles de personas, en pareja o en soledad, a lo largo y ancho del planeta. Lo que sí encontrarás aquí es la voz de una mujer que se atreve a compartir su andar entre la maternidad, los tratamientos de fertilidad, el silencio autoimpuesto para no incomodar y la libertad que nace de hablar de lo que duele y deja huella.

Cada página es una marca: una experiencia íntima que, al compartirse, deja de ser individual para volverse espejo. En estas crónicas se entrelazan recuerdos, heridas y destellos de esperanza que nos recuerdan que incluso en lo invisible hay vida, memoria y verdad. Leerlas es recorrer el dolor y también la risa inesperada, la ausencia y la fuerza de seguir. No es un manual ni una historia con principio y fin definidos. Es un mosaico de momentos que nos invitan a mirar de frente lo que solemos evitar y a reconocer que, aun después del cataclismo, puede surgir otra manera de vivir.

Te invito a leer con calma, a abrir el corazón y dejar que cada parte del relato encuentre un lugar dentro de ti, porque este libro honra a quienes no tuvieron la oportunidad de ser vistos y, al hacerlo, nos recuerda la importancia de mirar con respeto, con compasión y con amor, porque incluso *el más pequeño de los pies, tiene el poder de dejar huellas eternas en el corazón.*

Georgina González

Parte I

Abrí los ojos y quise nuevamente pensar "hoy sería un gran día" después de semanas de ni siquiera recordar que ese hábito había sido uno de mis favoritos por mucho tiempo.

Hace un mes exactamente que sucedió tu salida de mi cuerpo, para ser muy sincera, me cuesta mucho trabajo decir que tuve un aborto, aunque ese sería el término adecuado para nombrar el suceso. Me parece tan cruel como quiera que sea y, al mismo tiempo, tampoco encuentro una forma más adecuada de explicarme y explicar al mundo lo que sucedió.

Semanas atrás, no pensé que sobreviviría, pero, sobre todo, creía que lo viviría con un dolor que me oprimiría el pecho con toda su fuerza. Puedo darme cuenta de que es todo un reto no pensar en ti a cada momento, mi pequeña, no verme reflejada en las historias de otros o no querer pensar en un futuro que no existe ni existirá, pero al que aún me siento aferrada a imaginar.

Sigo viendo tu cajita que está colocada en un mueble que tiene como decoración una fotografía de tu papá, tus hermanas y yo en la playa, recuerdos de viajes que nos han regalado, la imagen de la Sagrada Familia y de la Santísima Virgen, un oso de peluche de mi antiguo trabajo y dos réplicas de la Torre Eiffel; todo eso puedo verlo desde mi cama que es en donde he decidido escribir en este momento. Durante el día entero había querido poder sentarme y poner en palabras todo esto que he sentido, lo que me llega a la cabeza y lo que quiero que no se me olvide, pues de repente la emoción de tristeza puede ser tan fuerte que me cuesta recordar que aún puedo y quiero sonreír.

Me he preguntado en cientos de momentos durante estas semanas cuál es el sentido de tu partida, cómo es que esto puede traerme bendiciones o qué es lo que debería de esperar al vivirlo, pues aún cuando he respondido a otras personas que todo está bien, mi garganta sigue sintiendo un nudo tan fuerte que en momentos creo que me va a estallar.

Te voy a contar lo que pasó esa mañana, pues difícilmente lo voy a poder olvidar en toda mi existencia. Los días anteriores a ese domingo cinco de diciembre habían sido terribles, no podía dejar de llorar, mis ojos estaban hinchados, mi cara deforme, ya que los gestos que me definen de manera habitual habían desaparecido; definitivamente, el brillo que había en mi mirada se fue por completo (al día de hoy frente al espejo aún puedo verme así) y mi pensamiento estaba inundado del terror y del dolor de creer que podría perderte en medio de una menstruación que no me dejara identificar en dónde estabas en medio de toda esa avalancha de sangre a la que me enfrentaría y la posibilidad inminente de que el excusado te tragara sin que pudiera rescatarte.

Le había pedido tanto a Dios que me diera la oportunidad de mirarte en cualquiera de tus formas, de hablarte y despedirme de ti de manera tranquila, de darte las gracias por haber llegado a cambiar mi existencia y, sobre todo, por darme la oportunidad única de ser tu mamá, pues esas ocho semanas y para siempre es que tú y yo estaremos unidas por un lazo imposible de romper sin importar nada.

Como siempre, Dios y la Virgen me escuchan, me escucharon y permitieron que ese domingo fuera el día en que irónicamente podría tenerte en mis manos.

Ya el día anterior había llegado la primera muestra de la naturaleza que me decía que se acercaba el momento, estaba nerviosa, subía y bajaba las escaleras de manera continua, no sabía realmente cómo tenía que reaccionar ante mis propios pensamientos y emociones, cómo viviría ese día, pues parecía que el hecho de que no hubiera podido verte físicamente también me limitaban a creer que no era motivo para experimentar tanto dolor, ya que no era para tanto siendo tú tan diminuta, tan enorme y tan diminuta a la vez.

Eran aproximadamente las 8:30 de la mañana del domingo cuando tu papá salió de casa, tenía partido de futbol y tardaría unas dos horas y media en regresar. Para el momento en que se fue, ya podía sentir en mi vientre el dolor de cólico que había ido incrementando desde la noche anterior, así como la cabeza que parecía que me quería estallar y no me daba descanso desde el martes veintinueve de noviembre en que los datos confirmaban que te habíamos perdido.

Ya sentía que mi cuerpo requería estar recostado y no moverse, había conseguido levantarme para comer algo, porque tenía hambre, pero el dolor era fuerte y necesitaba mi cama. La cabeza comenzó a punzarme sin darme tregua a nada, comenzaron dolores más intensos en mi vientre como piquetes que parecían una corriente eléctrica que me recorría hasta la punta de los pies. Comencé a sentir nauseas que, seguramente, eran a causa del dolor de cabeza y decidí taparme la cara con la almohada pequeña que tenía a mi alcance, eso aminoraba la sensación mientras me acurrucaba en posición fetal debajo de la cobija.

De pronto el dolor en mi vientre se volvió más y más intenso, creía que iban a reventarse mis entrañas y, entonces, como me lo había advertido mi doctora, quizás la hemorragia sería tal que requeriría intervención quirúrgica. Comencé a sentir mucho miedo, porque estaba sola en casa y definitivamente tu papá no sabría de mí, pues había partido de futbol y estaría lejos de su teléfono.

Sin quererlo, comencé a retorcerme en la cama... quería entender si ese dolor era normal, si tenía que tomar algún analgésico o si solo debía esperar a que la agonía desapareciera, pero no era capaz de tomar ninguna decisión, solo estaba ahí, tirada en la cama, derramando algunas lágrimas y queriendo que todo terminara, que pudiera surgir alguna sensación de alivio y paz... seguro mi corazón advertía lo que vendría a continuación.

De pronto escuché que llegaba tu papá, sentí un gran alivio, aunque no sabía explicar lo que me estaba sucediendo. Los días anteriores habíamos platicado sobre mi miedo y por qué no quería salir ese fin de semana, pero en mi mente sentía que todo colapsaba, que aparecían preguntas sin respuestas y necesitaba un abrazo, una mano que me calmara y me dejara vivir ese momento con mayor tranquilidad.

Pasaron unos minutos, le dije que me pondría en el abdomen un paño con aceite y la mantita caliente que usualmente suelo utilizar cuando los cólicos son demasiado fuertes, me levanté para tomar lo que necesitaba y entonces sentí esa experiencia única que tenemos las mujeres cuando nuestro flujo es más abundante de lo habitual: un peso más grande, quizás inadvertible en otra circunstancia, pero, para mí esa era la muestra más clara sobre tu presencia, la que aún cuando había pedido con todo mi corazón, al mismo tiempo temía tanto.

No hice ningún ademán, seguí con el plan de colocar el calor en mi vientre y recostarme ahora boca arriba, advirtiendo una clara disminución del dolor tanto en la cabeza como en el abdomen; ya todo había pasado, al menos, eso era lo que yo creía sin tener absoluta certeza. Le di un poco de calma a mi corazón, permanecí inmóvil como si estuviera poniendo atención al programa de televisión que había sugerido ver tu papá, sin embargo, quería convencerme de que debía levantarme e ir al baño, ya tenía preparado ahí un par de palillos de comida china por si tenía que rescatarte del excusado, definitivamente, no te dejaría ir aunque no sabía para nada cómo me sentiría ante esa circunstancia.

Después de unos treinta minutos en los que había estado recostada con la vista fija en el televisor y completamente perdida en la búsqueda de calmar la mente, con la poca fuerza de voluntad que me quedaba me levanté y, descalza, di cada uno de los pasos que me llevarían al baño.

Lentamente me senté sobre la taza, con las manos temblorosas, el corazón latiendo tan fuerte que parecía que se me saldría del pecho y con lágrimas bajé mi pantaleta, con la resistencia de encontrarte y evitar cualquier accidente con tanto flujo. Pero, en un segundo, mi mirada te había encontrado, lo que tanto le había pedido a Diosito se había cumplido y experimenté una enorme sensación de paz en ese instante, era imposible haber advertido lo que, finalmente, hallaría, la forma en la que te me presentarías y quizás la manera más adecuada y sencilla de decirlo es que eras como un capullo de una oruga, así te recuerdo, como si una tela de color transparente te cubriera y estuvieras conectada a una membrana aún más fuerte y gruesa que hubiera sido el inicio del cordón umbilical.

Así como los bebés llegan envueltos de sangre, líquido y grasa así estabas tú, no en mis brazos, pero en una toalla sanitaria que había detenido la fatalidad de perderte en medio del desecho de la taza del baño. Estuve ahí observándote quizás unos diez minutos, hablándote a ti, a mi misma, a Dios, a la Virgen, platicándote cuánto te amaba y cómo le daba gracias a la vida porque hubieras llegado y me hubieras hecho tu mamá, porque las ocho semanas que estuvimos juntas nos habían unido para siempre, porque habías cumplido mi sueño, porque por ti, absolutamente todo lo que había vivido, había valido por completo la pena.

Los palillos que estaban ahí preparados me ayudaron a sacarte de tu reposo, te coloqué en un par de algodones y te dejé ahí por unos minutos mientras salía del baño hacia la habitación, no escuchaba el ruido de tu papá y es que, finalmente, había caído rendido después del partido. Le llamé un par de veces, pero no tuve éxito al despertarlo, entendí que era mi momento de estar contigo y continuar mi espacio con lo que mi corazón me decía que había de hacer ahora.

Bajé a la cocina para buscar un pedazo de papel aluminio que cortaría en forma de un rectángulo que me dejara formar una especie de casita para ti, tenía que cubrirte, necesitaba saber que estabas ahí, pero aún para mí, era difícil observarte, sabía que esto podría ser aún más para tu papá y entonces decidí hacerlo así. Tomé una foto, porque también dentro de todo lo doloroso que, emocionalmente, esto representaba, tenía que cerciorarme de que tu ser entero hubiera salido, ya que, si no era así, entonces habría que recurrir a un legrado y no era lo que quería que sucediera, así que además de la revisión con mi doctora, la fotografía ayudaría a saber que todo estaba en orden.

Cuando ya te tuve cubierta fui hacia la sala donde se encontraba la maceta con las flores de la cuna de Moisés que tanto había admirado los días anteriores, eran tan bellas, fuertes y llenas de vida que me habían advertido de tu presencia antes de que llegaran los resultados del laboratorio ese ocho de Noviembre. Así también por el ciclo de vida de la naturaleza o porque, realmente, todos los seres del planeta estamos conectados, una de esas flores comenzó a morir justo en los mismos días en que recibimos la noticia de que habías dejado de crecer en mi vientre y fue una señal inequívoca de que el día en que te diría adiós, ella te acompañaría en esa pequeña cajita que me dejaría saber que era el momento de despedirme.

Te coloqué en ese pequeño recuadro de cartón blanco que había comprado justo para ti, ¿cómo despides a alguien de ese tamañito? ¿Cómo hacerlo sola en casa? ¿A quién había que preguntarle lo que habría de suceder contigo y conmigo? Puse también la carta que ese día por la mañana antes de que el dolor comenzara había escrito para ti a manera de despedida y, finalmente, la flor, esa que siempre querré ver que vuelve a salir e iluminar la sala, siempre me hará recordarte con mucho amor.

Nos dirigimos a la cocina en donde estaba la mesa blanca que daba al patio interior que está lleno de plantas, ahí también estaba la imagen de la virgencita, unas velas aromáticas y los libros que me habían acompañado durante algunos días. Me senté en la silla, te puse frente a mi, prendí la vela y comencé a rezar.

Durante muchos meses había rezado la “Caminata de la encarnación” que se reza durante nueve meses desde el día en que la Virgen María recibió la anunciación de su embarazo hasta el veinticuatro de diciembre que es el nacimiento de nuestro señor Jesucristo, la propia oración dice que hay que pedir tres causas imposibles y tú llegaste en medio de esos meses en que tanto te pedimos, así que, sin duda, comencé con ella nuevamente, me senté y coloqué mis codos sobre la mesa, mientras ponía la cabeza entre las manos como si no pudiera sostenerse por sí misma, pesaba mucho, no lloraba, pero tenía una sensación de pesadez profunda.

Recé también el rosario y algunas otras oraciones más que me han acompañado en la vida, despacio, a mi tiempo sin saber exactamente qué era lo que seguiría después, solo quería continuar con lo que el espíritu me fuera guiando.

De pronto advertí que tu papá había bajado, no me encontró en la parte de arriba de la casa y, aunque me llamaba no lo escuchaba, yo estaba ahí en la cocina, en mi espacio, en mi momento, con mucha prudencia preguntó qué pasaba, con calma le conté lo que había sucedido y le dije que estaba bien y quería seguir estando ahí un rato. Él y yo ya habíamos platicado con anterioridad y sabía de antemano que vivíamos y manejábamos esto de manera distinta, así que, con mucho amor, me dejó que yo hiciera lo que necesitaba para estar tranquila.

Minutos después decidí que ya era momento de irme de ahí, que te dejaría en la presencia de quien te cuidaría de ese momento en adelante y con quien nada podía salir mal.

En cuanto a mí, el resto del día continuó sin mayor sobresalto, sin ganas de moverme mucho, aún con dolor en el vientre y ahora con la completa certeza de que tu estancia en mi cuerpo había concluido.

En la noche hablé con tus tíos Alex y Ale, temblé mientras les contaba por video llamada y les dije que sentía mucho no haberles dicho antes todo lo que sucedía, los ojos de los dos se llenaron de lágrimas y se abrazaban, me abrazaban a mí a la distancia. No quería llegar a ese momento, ha sido muy difícil contarles a las personas que amo lo que ha sucedido, sé que mi dolor les duele y, aunque todos han sido muy fuertes y amorosos, ha sido una de las pruebas más complicadas de todo este proceso.

Han pasado los días, las semanas y sé que aún me hace falta dar un último paso para despedirme completamente de ti, no sé si ha sido cobardía, pero también es cierto que he necesitado el espacio y el tiempo para dejarte ir poco a poco, enterrarte físicamente y seguir caminando, volteando con amor y con esperanza a este tiempo que ha marcado mi vida por completo.

Hoy es día cinco de enero, la víspera de la llegada de los Reyes Magos, la actividad laboral no es tan demandante y he podido irme reincorporando sin mayor premura. Lo que te contaré a continuación quizás es mera casualidad, es parte de las alucinaciones que podemos vivir en los momentos más agudos del duelo, o quizás, es que he seguido pidiendo desesperadamente al universo que me de señales que permitan a mi corazón encontrarte.

Regresé al gimnasio después de varias semanas de no asistir, pues mi cuerpo ha sido sacudido por todo, tu partida, la sobrecarga de hormonas que cada día ha ido bajando, pero que me llevó a vivir esa sensación de depresión posparto que experimenta toda aquella mujer que ha vivido un embarazo y este ha llegado a su término, aunque, en mi caso nunca pude ver tu carita o sentirte en mis brazos, aun así, los efectos secundarios hay que experimentarlos uno a uno.

Ahí en medio del ejercicio, moviendo a mi cuerpo, queriendo estar en paz el día de hoy es que escuché varios mensajes a través de podcasts y mi tan querida aplicación Rezando voy, donde el mensaje inequívoco y repetitivo de las parábolas fue confía.

En este momento no sé en qué es que tengo que confiar, pero me ha llegado hoy de forma tan intensa que ha sacudido mi corazón con toda su fuerza. Por si fuera poco, así como en este momento tengo hecho un nudo en la garganta y los ojos llenos de lágrimas, así también lo fue en la mañana mientras había de levantar peso sobre mis hombros para continuar mi rutina de ejercicios, siguiendo mi respiración de forma tan clara y fuerte de repente escuché una vocecita que me decía "aquí estoy, mami, aquí estoy", me sorprendí, me sacudió por dentro, pues fue tan clara que voltee al techo, pues era lo más alto que podía ver y supe que, finalmente, podía comunicarme contigo, había sucedido una vez más lo que mi alma necesitaba.

Nunca sabré cómo brillan tus ojos, el color de ellos, de tu piel o de tu cabello, no podré acurrucarte por las noches, acompañarte en la vida ni verte volar, pero ¿sabes? Hoy me doy cuenta de que eso no importa porque te tengo en mi corazón, porque siempre podré recurrir a ti para decirte que te amo con todas las células de mi ser y que estaremos juntas para toda la eternidad porque, cuando ya no esté en este plano, sin duda, te encontraré para abrazarte y no soltarte nunca jamás.

Sangre

Una mancha roja, viva, presente en multiplicidad de ocasiones, la señal inequívoca del cambio, de haber accedido a un nivel biológico que promete por lo menos en la teoría avanzar en el proyecto reproductivo.

A los 11 años es difícil creer que más allá del cuidar tu dignidad al no mancharte habría que preocuparse por algún asunto adicional que tuviera consecuencias de gran impacto. Esa mancha que podía ocupar toda tu atención, que tenía la capacidad de arruinar tus estancias en los momentos de disfrute, que te hacía sudar y palpitar el corazón aceleradamente al levantarte del asiento y percatarte de ese rojo estridente que parecía tener el suficiente brillo como para llamar la atención de todos a tu alrededor y entonces percatarse del "accidente" que evidenciaba tu probabilidad de ser fértil.

Mi madre había procurado instruirme con las nociones básicas, científicas y específicas de la llegada de mi regla. Qué minutos tan más incómodos sentadas solo ella y yo en la sala de la casa, la mesa baja y nosotras sobre unos cojines verdes acolchonados en el suelo, se notaba que se había preparado para dotarme de ese conocimiento, pero sus palabras no tenían sentido alguno para mí, solo percibía que mi temperatura interna subía y quería levantarme, no escuchar más la explicación de todos mis cambios internos, seguir jugando con mis amigos y no preocuparme de nada.

Sin embargo, la naturaleza simplemente siguió su curso y el día menos esperado solo sucedió. Al ver esa mancha en mi pantaleta me petrifiqué y lloré en el baño sin hacer escándalo, puse mis manos sobre las rodillas, me tapé los ojos y recé para que aquello que había temido que me sucediera desapareciera como por arte de magia. Me decía a mí misma -si pasan 5 minutos y no ha salido nada más, entonces ya se terminó-

mientras mis manos seguían cubriendo mi rostro y la respiración estaba entrecortada.

Experimentaba una vergüenza que no había conocido con anterioridad, una que no entendía por qué ahora se apoderaba de mi corazón, por qué me confundía y creía que debía esconderme.

Finalmente me armé de valor y corrí al cuarto de mis papás, entré a la cama y me metí debajo de las cobijas. Era hora de estar lista para ir al colegio y evidentemente lo que menos estaba sucediendo era eso. Mi mamá se acercó y preguntó qué pasaba, me rehusaba a sacar la cabeza para que me viera, yo solo la movía negando la posibilidad de mirarla a los ojos. Se quedó ahí y esperó a que pudiera por mí misma decirle lo que sucedía, pero no podía articular las palabras, parecía que todas las ideas chocaban al mismo tiempo en mi mente y evitaban armar una frase que me dejara regresar a la quietud de no sentirme vulnerable.

Como en todo, hay que seguir adelante, así que los minutos en ese cuarto con mis papás observándome y quien sabe con qué emociones y pensamientos pasando por su cabeza se quedaron encapsulados, como en un globo de cristal transparente que tiene esencia propia y que al observarlo y tocarlo te impregna del recuerdo, te transporta con cada sensación, se queda en ti y continuas el viaje en el momento posterior.

La etapa de la secundaria en un colegio solo para mujeres era un reto para mí, se supondría que al ser todas “iguales” no solo habría entendimiento y comprensión sino también podrías no estar expuesta al rechazo o la exposición. No me consideraba alguien con la cualidad de la popularidad, quizás estaba en el punto medio pero ese día, esa primera semana experimentaba esta sensación de tener el foco de atención completamente puesto en mí, en lo que sucedía en mi interior.

Fueron días de experimentación sin control, tenía el conocimiento básico de lo que había que hacer, quizás qué tipo de toallas femeninas utilizar y digo quizás, porque dudo mucho que exista una forma de predecir tanto la experiencia del sangrado como de su duración o intensidad, así como del dolor incomprensible que me acompañaba físicamente aunado al movimiento emocional y el cúmulo de pensamientos que me recorrían.

No imaginaba que la mayor vergüenza podía pasarme a mí que rodeada de todas las mujeres que seguramente coincidían conmigo en edad y etapa de desarrollo en ese momento era la única que sentada sobre un mesabanco color crema, lo que había calculado como protección para el sangrado simplemente era insuficiente.

Ese momento, esos segundos de levantarme del asiento al cual antes nunca le había tenido miedo, en ese instante me hacían querer desaparecer cuando una mancha roja y grande me gritaba "cúbreme por favor, cúbreme, todas se burlarán" … mis cachetes se colorearon, mis ojos se abrieron, las manos y piernas me temblaron… regresé como un resorte a ese lugar que había que cubrir a como diera lugar.

Inventé un pretexto para quedarme unos minutos más en el salón, esperé a que todas salieran de ahí, evité llorar y simplemente traté de encontrar algo entre mis cosas que me ayudara a limpiar aquel desastre que había sucedido con ese color rojo que no logra desaparecer de mi mente aún 31 años después.

Quizás no solo yo experimenté ese abismo que parecía que por un segundo quería tragarme, quizás todos aquellos suéteres azules amarrados a la cintura de las demás encima de la falda o el pants del uniforme buscaban cubrir ese miedo, la vergüenza colectiva que había echado raíz en lo más profundo de nuestro ser.

¿Por qué tsunami estaba atravesando? ¿Qué puerta se abría o se cerraba en esa realidad?

Mi vida había cambiado y a partir de ese momento cada mes, cada 30 días durante varios años la idea de entender que esa puerta que se había abierto era la de la posibilidad de ser mamá evolucionó y se transformó en pinceladas de sueños difusos que parecía que por derecho natural en el momento en que estuviera lista y lo decidiera "voilà" instantáneamente una nueva vida se formaría.

Sin haber sido consciente con la razón, más sí con la sabiduría del alma, mi amada María, en medio de ese movimiento telúrico que me llevó a cubrirme ante la vergüenza, yo ya te llevaba en

ESPANTO

Escuché decir a una neuropsicóloga que aproximadamente 60,000 pensamientos diarios son los que cruzan por nuestra mente, que por default el software interno está configurado para que en promedio el 80% de ellos tiendan hacia lo negativo, ansioso, depresivo, y parece que estos datos le hacen sentido a la memoria de regresar a mis momentos en donde aparecía por mi mente la idea de ser madre.

Ingenuamente mi pensamiento sesgado, pero a la vez optimista buscaba encontrar sentido en el océano de dudas. Por años me acostumbré a observarme con respecto a los cambios en mi cuerpo según el momento del ciclo en el que me encontraba. En principio por mera curiosidad y posteriormente porque en el plan de vida la posibilidad de un embarazo o no podría cambiar el rumbo completo de mi historia.

Y digo que ingenuamente porque mi firme creencia consistía en generalizar la posibilidad de un resultado a partir de la suma de las partes: mujer, juventud, hábitos saludables, intención de ser madre, responsabilidad, buena cristiana y honrada ciudadana (como lo había aprendido en la enseñanza de Don Bosco) ante todo ello, ¿qué podía estar en contra del gran sueño? ¿Cómo podría yo no entrar en la estadística general?

Las distintas etapas y circunstancias de mi vida me fueron llevando a acercarme en mayor o menor medida a la búsqueda del embarazo y, por lo tanto, en ciertos tiempos la señal inequívoca de aquella mancha roja se sentía como el descanso más apacible, esa descarga de preocupación ante algo que no podrías predecir pero que no querías que ocurriera. Irónicamente una ráfaga de emoción y pensamiento llevaban a mi mente y corazón a un posible escenario en donde la misma suma de todos esos deseos cumplidos de un negativo se convirtieran en una maldición.

¿Quién dicta o puede predecir la maraña de sensaciones o sentimientos a los cuales te enfrentarás, cuando la simple posibilidad de la presencia de una vida en tu vientre está ahí, por mínima que sea, tan mínima que podría ser solo esa esperanza?

Conocí la experiencia de una prueba de embarazo cuando ya era una mujer con una carrera, completamente capaz de hacerme cargo del resultado y aun así me congelaba ante los dos escenarios, por un lado, podría cumplir un sueño que se sentía en cada célula de mi cuerpo y de manera muy contradictoria también coexistía el deseo de seguir en libertad, avanzando en proyectos y sueños en donde parecía que cuidar y amar a un ser que requeriría todo de mí no encajaba plenamente en mi circunstancia.

Quizás es este aprendizaje dicotómico de vivirnos entre la espada y la pared, del no experimentar la gran totalidad en la que ahora creo que podemos existir la que me llevaba a experimentar tanta culpa. ¿Había deseado tanto que no sucediera en una larga etapa que entonces mi cuerpo había aprendido a decir no?

Desde mis 21 años había sido muy cuidadosa con todo mi seguimiento ginecológico y de salud reproductiva. La presencia de dos quistes en mi seno izquierdo que habían sido extirpados me había llevado a las manos y el cuidado de mi ginecólogo de cabecera, él sabía todo lo sucedido y había una confianza total en cualquiera de las recomendaciones que solía darme.

En una revisión de rutina a mis 30 años habiendo ya conocido la experiencia del divorcio, esas dos cirugías y la presencia inminente de un dolor crónico que aún no tenía diagnóstico comenzó una charla en su escritorio. Me gustaba ir a ese consultorio, siempre limpio, con unas sillas cómodas para sentarte a charlar y unos retratos en los estantes de él y su hermosa esposa. Me daba mucha ilusión pensar que eso que veía en la foto podría pasarme a mí.

Un médico joven, pero con la experiencia y el conocimiento necesarios para tener el gran respeto de sus pacientes y de su gremio, me veía a mí a los ojos con la cercanía que ya habíamos logrado a través del tiempo y sin más me preguntó si tenía algún plan para ser mamá. En conversaciones previas habíamos comentado que varios de mis síntomas parecían provenir del plano hormonal y desde su experiencia, mucho de ello podía ser nuevamente llevado al orden cuando el cuerpo hacía su parte durante el embarazo.

Me reía de los nervios, mi sonrisa parecía grande y congelada frente a su cara que estaba a punto de emitir una sentencia inesperada - Este es el mejor momento para buscar embarazarte, vamos a decir que la casita en donde se formará el bebé está fuerte y lista, ahora es así y debes saber que en pocos años pudiera ya no serlo –

Qué espanto no saberte con todo lo necesario por lo menos para tu estándar en donde el proyecto de un bebé cupiera en su totalidad. De acuerdo con su declaración ¿había que buscar cumplir con el sueño a pesar de que las consecuencias para ese bebé pudieran ser las más difíciles al no contar con una familia que lo acogiera y le acompañara con amor en su vida o que su propia madre estuviera en una de las etapas más difíciles de salud al experimentar síntomas y cambios abruptos que más tarde serían diagnosticados con fibromialgia?

Salí del consultorio con el peso del corazón hasta el piso, con la cabeza dando vueltas ante algo que no podía resolver con inmediatez y que estaba completamente convencida que no buscaría solo por tratar de mitigar mis síntomas, por darle placer al deseo, a mi deseo que creí era egoísta.

Como muchas otras cosas más, eso que tanto quería lo denominé incongruente, lo metí en una cajita muy bien sellada, depositada en un laberinto profundo al cual difícilmente accedería, no podía ocuparme de él, no podía lidiar con todo lo que representaba, era imposible lidiar con lo que parecía una muestra más de mi incapacidad experimentada para vivir ese deseo a plenitud.

La sentencia estaba dada, el tiempo pasaba y cada celebración de cumpleaños era un recordatorio más de aquella caja escondida que contenía tanta fuerza interior que era imposible no hacerse notar, aun así, fuera a manera de cuestionamiento sobre lo siguiente a decidir, el paso que habría que dar aparecía y desaparecía intermitentemente hasta que un día la realidad de mi vida mostró señales difusas de aquello que tanto había querido, formar una familia.

Estábamos sentados en la mesa con sillones acojinados de un restaurante en donde el producto estrella eran hamburguesas estilo americano y unas enormes malteadas. Puedo casi tocar ese recuerdo, mi vista puesta en él acomodándose el cuello de la camisa para mantenerlo perfectamente en su lugar, su chamarra de pana café con borrega que parecía tan acogedora, el olor de su perfume que me hipnotizaba y mi ser tratando de observarlo e imaginar un más allá de ese instante.

En medio de una conversación alrededor de lo que cenaríamos sonó el teléfono y él respondió "hola, mi amor" con una voz tierna y amorosa que parecía que podía atravesar cualquier realidad y distancia para anidarse en el corazón de quien la escuchaba. Mi desconcierto fue total, no lograba reconocer esa sutil diferencia entre hablarle así a alguien a quien eliges para amar y alguien a quien incondicionalmente amas y amarás por toda la eternidad. Estábamos entrando en aquella experiencia tan única de reconocer al otro en un enamoramiento que evidentemente no estaba comandado por la razón.

Me recuerdo un poco incómoda, con preguntas bombardeándome en ese instante pues era evidente que su atención estaba por completo en la voz que lo escuchaba, en quien estaba al otro lado del teléfono. Temí lo peor, quizás solo había leído muy mal las señales y aquello que experimentaba había que pararlo de inmediato, así que me percaté que el corazón se había acelerado, las piernas se movían inquietas y las manos trataba de mantenerlas tranquilas sobre los muslos, pero tenían vida propia, no parecía ser dueña de sus movimientos.

La conversación terminó con una sonrisa de su parte y un beso hacia quien estaba al otro lado de la línea. Al colgar me dijo, "las chiquillas" con un tono franco, contento, pleno. Creo que me sonrojé y me dije… - ja, aquí lo tienes, la última prueba que te hacía falta para armar tu rompecabezas-.

El aire regresó a mí, me conecté nuevamente con su presencia y las ilusiones que habían comenzado a germinar en mi cabeza en esa mesa de madera con los asientos acojinados que suelo buscar en ese tipo de restaurantes. Él amaba ser papá de esas dos personitas que eran su mundo entero y con quienes sentía un tremendo placer de compartir este plano de su existencia.

Sé que ahí entendí más allá de las líneas, cuando me dijo "yo quiero el paquete completo contigo". La caja escondida no pudo contenerse más en esa obscuridad que aún la abrazaba, cómo no voltearla a ver, cómo no saber que tenía una fuerza tal que era imposible no transformarme.

El tiempo cronológico y la forma en la que uno decide tomar decisiones de vida no siempre son congruentes, sentada en ese sillón ya habían pasado 6 años desde que me habían dicho que la casita estaba lista. En mi mente y mi corazón no sabía que internamente el funcionamiento orgánico no se detendría a pesar de que yo estuviera alcanzando mis sueños profesionales, que por fin había encontrado a mi compañero de vida, que seguía siendo buena cristiana y honrada ciudadana, que estaba a punto de comenzar un cambio radical y transformador en mi existencia en otro país.

El espanto parecía haberse apaciguado, el nuevo aire de esperanza se apoderaba por completo de mí, de la forma en la que observaba la vida y decidía seguir creyendo que con esa fuerza todo estaría bien. Solo que el espanto también tiene su forma propia, su fuerza acumulada, las maneras de presentarse irracionalmente y sorprenderte; tomó su tiempo y esperó, luego tocaría su turno.

ESPÍRITU SANTO

Había llegado a ese momento tan especial, con el alma sintiendo que las piezas desarmadas que anteriormente parecían no tener unión ahora simplemente lo estaban a través de cientos de instantes llenos de abrazos, de te amos, de nuevos destellos de ilusión que me parecía transitaban por mi cuerpo como electricidad, con la fuerza del relámpago y la calma de un océano en paz.

Nuevamente estaba frente a él, pero ahora de pie, sobre unos tacones altos color nude con terminado de charol y una plataforma que aparentemente hacían de mejor soporte para mis tobillos y rodillas que se portaron como campeones al sostenerme ahí derecha, erguida, a veces con el estómago sumido para favorecer al vestido y otras simplemente dejándome ser.

Nuevamente lo miraba a los ojos, a la profundidad del color miel que insistentemente me llevan a la tranquilidad. Me atrapaba la sonrisa triunfante de ese momento que habíamos construido en nuestras mentes y que hicimos realidad a pesar de los retos logísticos que en esa época nos presentaba la vida al tenernos la mayor parte del tiempo separados en distintos países cumpliendo con nuestros sueños y promesas.

El 19 de noviembre del 2017 en una noche estrellada a las afueras de la ciudad frente a un enorme jardín tomados de las manos, compartiendo nuestros votos, con cientos de personas a nuestro alrededor dijimos sí a caminar la vida siendo familia, a convertirnos en uno y seguir siendo dos, a abrazarnos ante cualquier tormenta para ser nuestro propio hogar, a disfrutar de los arcoíris y las tantas aventuras que nos depararía aquello que no conocíamos, pero ya queríamos tanto.

Seis años después, me sigue llenando el corazón encontrarlo en mis días, en las mañanas ajetreadas en las que procuramos encontrarnos de todas las formas posibles, entre los platillos de la comida, los mensajes de texto para saber cómo estamos, en las noches donde abrazarlo por un instante me permite encontrarlo y encontrarme, en las interminables conversaciones que quisiera que jamás terminaran, en las caricias, los desencuentros y las reconciliaciones, en los momentos de elevada euforia y en los que nos han tirado hasta el suelo.

Así también en medio de los abrazos, del compartir y el conocernos es que supe de su deseo creciente de ser papá, de las ganas de formar una familia conmigo, de la posibilidad de quizás tener un hijo varón, de los posibles nombres que aparecían en nuestras conversaciones que parecía burbujeaban en mi corazón, me hacían sonreír, bromear y al mismo tiempo compartir la incertidumbre que ganaba cada vez más terreno al pasar el tiempo y no ocurrir el sueño tan anhelado, el compartido en visualizaciones y respiros.

Me gusta creer en los milagros o como dicen creer que todo es un milagro, sin embargo, a menos de que el Espíritu Santo bajara e hiciera el trabajo, vivir tantas semanas separados por un largo periodo de tiempo nos ponía en desventaja. Ya no era la mujer de los 36 años con los que habíamos iniciado nuestra relación, mucho menos la de los 30, ahora la ventana parecía cerrarse cada vez más al rozar los 39… las conversaciones conmigo misma buscaban calmar mi incertidumbre y ansiedad por sospechar que “algo malo” estaba pasando pues aún a pesar del poco tiempo para estar juntos, alguna de esas ocasiones pudo haber sido efectiva y como otras tantas parejas, recibir la maravillosa noticia tan esperada de un embarazo.

Vivía en California, en el primer mundo donde podías encontrar los avances más importantes y novedosos en cualquier ámbito de la salud incluyendo la fertilidad, ir a la CVS (farmacia) y encontrarte con múltiples opciones de pruebas de embarazo, de ovulación, anticonceptivos, vitaminas prenatales, en fin… Sin embargo, parecía que yo estaba adormecida en una especie de caminar entre las nubes donde mi vida afianzaba sus pasos entre lo profesional y la maravilla de experimentar periodos de tiempo donde mis síntomas de fibromialgia no parecían robar mi atención y energía como había sucedido en años anteriores.

Me aferraba a la idea de ser capaz de mantener por la mayor cantidad de tiempo posible ese idilio que tanto había anhelado, sin embargo, la ilusión no era más poderosa que la realidad en donde vivir en ese sitio que me mantenía encantada también me alejaba consistentemente de quien por amor y derecho sería el padre de mis hijos.

Cuando el día terminaba en la oficina de Irvine, CA., la vida cobraba otro ritmo, dos horas de diferencia con el centro de México hacían que en ocasiones las coincidencias para comunicarnos no fueran tan sencillas, lo que alimentaba la desesperación y ansiedad por si quiera dibujar posibilidades para conciliar nuestros siguientes pasos como familia.

Salir de la oficina, manejar mi auto negro hacia el departamento que me acogía en una soledad que aprendí a saborear y disfrutar, continuar con la rutina de caminar por el pasillo de concreto bordeado de flores blancas, moradas y pasto que conectaba hacia el centro de lavado donde realmente sucedía ese tiempo en que estaba completamente conmigo, metiendo ropa a lavar, esperando el ciclo de secado, doblando cada prenda y perdiéndome en mis pensamientos, en los cuestionamientos constantes hacia mi estancia ahí, así como a las tantas razones por las cuales permanecer era lo mejor que podría sucedernos.

Conversaciones que ocurrían en mi cabeza pasando por el corazón y llevándolas a distintas partes de mi cuerpo, aquellas que me cuestionaban constantemente qué era lo más importante para mí, por qué decidía mantener la forma en la que vivíamos, cuánto tiempo más aguardaría para tener una conversación honesta con mi esposo y tomar riendas sobre el asunto de nuestra búsqueda del embarazo.

Evadir, desconectar, darle vuelta... siempre encontraba una razón más convincente para seguir con el plan aparentemente establecido, donde irónicamente el "nosotros" que habíamos jurado poco tiempo atrás ante el juez parecía desdibujado ante esa circunstancia.

Las semanas transcurrían de forma más o menos similar, cinco días para dedicarlo al trabajo y a mis necesidades para llegar al fin de semana en donde mi corazón solía latir con más fuerza y júbilo al compartir tiempo y espacio con mis sobrinos, primos, tíos y el abuelo de casi 100 años.

Todo se acomodaba sin mayor complicación, logísticamente hablando los tiempos y distancias para reunirnos se configuraban de maravilla, me sentía cuidada y respaldada tanto por mi esposo como por la familia que al igual que yo nos sentíamos parte de la cultura en la que habitábamos añorando tantas circunstancias, sabores, olores y personas que vivían al otro lado de la frontera en el estado que nos vio nacer.

Mis sobrinos acaparaban toda mi atención, soñaba con las posibles diversiones a las cuales querrían asistir y esto me hacía vibrar el alma, me llenaba de una energía que era única, irrepetible y la cual en cada ocasión en la que no la reprimía consciente o inconscientemente me llevaba a imaginar y desear posibilidades en las que un embarazo estaba presente.

Pero hay dolores que sutilmente se insertan en cada célula y pensamiento, aquellos que se acompañan de cuestionamientos incesantes del exterior que desearías acallar. Dolores que vienen con preguntas como ¿y tienes hijos?, ¿y entonces para cuándo?, ¿por qué no te vas, finalmente el trabajo no es más importante que la familia, o sí? O comentarios que refuerzan la realidad de tu edad sin cumplir con el estándar esperado de la mujer que tiene hijos antes de los 40 pues es la línea divisoria entre la salud y las enormes posibilidades de ser madre de un ser maravilloso con una condición especial.

La presencia constante de esa sensación que me hacía chiquito el estómago cuando lo pensaba y que al mismo tiempo buscaba liberar cuando pensaba en mi círculo social donde la mayoría de mis amigas no eran mamás, o la justificación de estar construyendo una misión de vida tan especial que no podría dividirse o hacer espacio para algo así… parecía que no había salida de cualquier manera, momentos en los que me faltaba la capacidad de respirar profundo, de solo soltar… que difícil es soltar aquello que deseas tanto.

Y aferrarme a los milagros, a los que me contaban en esa casa de manera constante en la sobremesa, en donde conocidas de mi familia habían rezado tanto a la Virgen de la encarnación y se había hecho realidad la espera tan anhelada, o los viajes y mandas a distintos lugares del mundo para ser escuchadas, los masajes, lágrimas derramadas y en una que otra ocasión los tratamientos de fertilidad que solo de escucharlos me daba cuenta de que me paralizaba la idea.

Yo también añoraba que me tocara el milagro, que el Espíritu Santo se apiadara y bajara, que me hiciera sentir que Diosito y la Virgencita se habían fijado en mí. Formas y maneras tan especiales que tiene el espíritu de actuar, formas y maneras que no correspondían a lo esperado pero que tomaron su lugar.

ATREVERSE

¿Qué puede llevarte a modificar tu estatus quo?, ¿la sorpresa, el miedo, la alegría, la prisa?, ¿es una emoción?, ¿o la mezcla natural de muchas de ellas como lo vivimos los seres humanos, más circunstancias de la propia existencia?, ¿o qué es aquello que, de manera sutil, pero con gran intensidad te obliga a salir de la forma de vida en la que te encuentras?

Podías sentir tanta tensión en el ambiente y al mismo tiempo gran cantidad de noticias que aligeraban el alma en el alta de embarazos a partir de los meses de confinamiento por la pandemia de COVID-19. Todo se sentía entremezclado, en ocasiones surreal, viviendo todos los días con la esperanza de un mundo mejorado a partir del parar, del mirarnos interna y externamente, de los grandes avances tecnológicos que ahora prometían conectarnos de formas inigualables sin siquiera tener la más mínima idea de la verdadera desconexión a la que nos enfrentábamos.

Solo había que continuar, con calma y conciencia del estar en el presente, del minuto a minuto sabiendo que lo peor estaba a la vuelta de la esquina, pero con el corazón lleno de esperanza por algo mucho mejor de lo que conocíamos. El miedo a lo desconocido, a la separación, a la muerte que rondaba por todos lados, que nos acompañaba en cada confín conocido.

Y era hermoso cerrar los ojos, poder regresar al momento de un instante milagroso que estaba más vivo que nunca, lleno de amor y esperanza en la noche de un 29 de diciembre en el apartamento de Tustin, CA. Solo éramos cuatro personas físicamente visibles alrededor de la mesa de la cocina, con música de fondo, el olor de las velas de vainilla-canela rondando por el lugar, preparando la cena y compartiendo momentos graciosos ocurridos en los días de festejo familiar navideño unas cuantas horas antes. Me sentía orgullosa y tremendamente feliz de tenerlos ahí, se habían acomodado tantas y tantas cosas para que ocurriera ese instante.

Nosotros cuatro sabemos hacer eso, convertir cualquier escena común en la posibilidad de una historia que invariablemente ocasionará carcajadas constantes, representaciones y nuevas anécdotas a compartir con los demás, que pocas veces lo entienden pero que finalmente se contagian y se unen a la misma. Los cuatro nos encontramos en este plano existencial para hacernos compañía, para cubrirnos las heridas cuando es necesario y para hilar con cuidado el caminar sea como sea, venga lo que venga.

Esa noche mi corazón latió como jamás lo había hecho antes, en ese momento recibí en mis manos una tarjeta navideña que era distinta a las habituales. Me extrañó tener un regalo extra ese día, ya nos habíamos repartido todo lo esperado y entonces solo volteaba a ver a mi hermano y cuñada, mi esposo estaba igual de sorprendido, no sabía lo que habría ahí.

No hubo que hacer nada más, se sintió en mi interior como si absolutamente cada uno de los minutos de mi vida, las esperanzas, expectativas y añoranzas explotaran para propagar una luz intensa que permanecería prendida sin posibilidad de apagarse, quizás para no hacerlo jamás.

La tarjeta tenía unas figuras sobrepuestas, un tendedero para la ropa en donde había varios mamelucos de bebé y una leyenda… "felicidades, van a ser tíos". Sentí que una carcajada subía desde la planta de mis pies y salía con fuerza por mi boca, por los ojos, los oídos, todo era alegría pura. Los miré a los ojos y les pregunté si era en serio, sus sonrisas no podían ser broma, aunque hubiéramos estado tan cerca de la celebración del día de los inocentes.

Los abrazos fueron muchos, las preguntas fueron más y luego los cabos sueltos de los cambios de conducta en mi cuñada tuvieron todo el sentido. Comprendí lo que era comenzar a cuidar la vida a partir de ti.

Y entonces a la vez sucedió, eso que tenía que combinarse, acomodarse, unirse y tomar forma... había hablado del Espíritu Santo, sin duda estaba ahí, haciendo de las suyas, tomando su lugar, moviendo aquello que absolutamente nada más podría haber provocado el cambio, el atrevimiento.

La vida siguió su curso, la noticia llegó a todos aquellos que habían de enterarse, en tiempos no planeados, ante circunstancias no esperadas. Ese 29 de diciembre no cargaba aún el peso de lo que significaría la pandemia para todos, para los que aguardaríamos la siguiente bienvenida.

Abrir los ojos y regresar a la realidad donde habían pasado cambios impensables, yo asentada en México por 6 meses sin posibilidad de regresar a CA, la segunda ola de la pandemia se había llevado a tantos, nos había dejado sin tanto. Salí del país vecino en un viaje que parecía de placer y habitual a mi ciudad natal sin saber que no podría regresar y que a decir verdad en esas condiciones no quería hacerlo, pues la situación mundial estaba sin control.

Como familia ya habíamos atravesado la experiencia de estar en cuarentena, nuestro primer contagio de COVID con síntomas inesperados, la incertidumbre de la hospitalización, la desesperación del no saber a qué te enfrentabas con la búsqueda de medicamentos en desabasto, la negación de la atención en los lugares que tu sentido común te decía habría de ser brindada pero donde en este tiempo el sentido común era el menos común de los sentidos.

Finalmente habíamos salido airosos, en algunos con secuelas no previsibles, en otros con posibilidad de control a pesar del malestar que perduraba a pesar de las semanas. Parecía que nuestro sistema inmunológico nos ayudaba a permanecer de pie a pesar de la sacudida intensa por la que habíamos atravesado, la que me hizo cuestionarme en tantos momentos sobre nuestra fragilidad física y mental.

En medio de todo ello y pocos días antes del contagio había podido visitar a mi cuñada y hermano quienes por precaución solo recibían pocas visitas y con sana distancia de por medio. Las semanas estaban cercanas a la llegada de quien tanto esperábamos, corrección… de quienes tanto esperábamos, pues el milagro fue doble, nuestro corazón latía al doble, los brazos estarían llenos al abrazarlos.

Recuerdo perfectamente la silueta de ella sobre el sillón, con una barriga grande y un poco ladeada por el peso y el acomodo de los pequeños, eran dos varoncitos que estaban listos para salir al mundo y transformar nuestros días. Añorábamos la simple idea de conocerlos y saberles sanos, amados, protegidos.

Y los planes… habíamos aprendido que no sucedían como se ponían en la agenda. Ese día fue el último que pude acercarme hasta casi seis semanas después de su nacimiento, pues ellos decidieron abrirse camino antes de lo planeado y el COVID contagiarnos, así que hicimos lo que la mayoría de las familias ante circunstancias en las que hay que celebrar en condiciones difíciles, utilizamos el teléfono, las videollamadas, la espera que a veces se tornaba en extremo impaciente pero que valía completamente la pena con tal de que ellos estuvieran bien, con tal de que ellos permanecieran lo más a salvo posible.

Así que continuaron los días, las visitas y las llamadas. No tan frecuentes como lo deseábamos y tampoco como imaginábamos, fueron meses de aprender a estar con ellos sin estar, de verlos a través del cristal que separaba el jardín de la sala donde habitualmente reposaban en su portabebés mientras los observábamos crecer, sintiendo el aire fresco del otoño, cuidándonos lo más posible y buscando a toda costa no volvernos a contagiar.

Las ganas por abrazarlos me quemaban, añoraba que un día sucediera sin saber exactamente cómo es que eso pasaría... Mis movimientos y los de mi familia requerían de estar en contacto con otros, lo que nos hacía pensar que estábamos en riesgo constante. Sabía que un motivo de esperanza era la posibilidad de vacunarnos, pero definitivamente estaba lejos, muy lejos en el panorama de nuestro país.

Mis papás volarían a CA en octubre, habían de arreglar algunos asuntos migratorios y también de una u otra manera tendrían que permanecer por un tiempo indefinido. El mundo dejó de funcionar como lo conocíamos, el país con ultra tecnología tenía sus sistemas internos colapsados y por tanto todo aquél que requería regularizar trámites burocráticos habituales tenía que esperar mucho más de lo creíble, nada podía planearse.

Una vez más la incertidumbre me hacía su presa, tenía miedo de no verlos y que eso simplemente se convirtiera en la norma. Parecía que todos teníamos algo que perder en cualquier circunstancia o quizás era la forma ruda de aprender a soltar y confiar.

Se aproximaba la primera quincena del mes de octubre y en casa la regla para salir a cualquier lugar sin importar si era al aire libre era portar el cubre bocas, por lo menos a mi parecer era lógico hacerlo y no había por qué poner objeción alguna. En las calles nos encontrábamos con otros tantos en similares condiciones, solíamos hacer actividad física todos los días muy temprano en nuestro sitio seguro, lo que nos permitía mantenernos un poco cuerdos en medio de la velocidad irónica con la que se movían nuestros horarios de home office. Reuniones y reuniones y reuniones continuas, clases, espacios de trabajo virtual conjunto, pocos espacios para hacer los quehaceres domésticos e incongruentemente horarios empalmados para coincidir a la hora de comer, pues estando en la misma casa no todo se ordenaba igual para todos.

En medio de todo ese ritmo mi corazón y cabeza buscaban encontrar sentido al impulso que se había acrecentado desde aquella noche en el departamento, la llegada de mis sobrinos y la inminente realidad de mi próximo cumpleaños número 39 en pocos meses más.

Comencé a ponerle atención a esa voz interior que me decía que por más que quisiera negar que algo no estaba resultando de forma fluida en mi búsqueda de embarazarme la realidad objetiva era esa y que si quería tener una verdadera oportunidad, el solo pensar en que la casita ahí estaba puesta no resolvería la situación, ya era urgente contactar a un especialista en reproducción que pudiera orientarnos y por qué no, darnos esperanza.

Había dudas que se aferraban a mi cabeza, me veía y también observaba a mi esposo. En alguna ocasión había tenido conversaciones con amistades que me hacían evidente que él ya había sido papá y por lo tanto no existían razones por las cuales pensar que más allá de mi organismo algo pudiera no estar en orden. Esa experiencia real de sentirte inadecuada o incompleta solo de pensarlo te estremece, exacerba tu vulnerabilidad.

Así como hubo múltiples historias que me decían que los milagros sucedían y las familias se volvían locas de la felicidad con la llegada de las criaturas, así también escuché tantas otras en donde la experiencia de la infertilidad había terminado con todo… ante ese escenario es como si te colocaras frente al abismo y solo una cuerda delgada y tensa te sostuviera antes de la posible caída descomunal.

Reuní mis fuerzas, recordé sus ojos, recé mucho y un 18 de octubre me armé de valor. Le pedí que fuéramos a caminar al parque, a nuestro sitio seguro; una petición que levantó la alarma en medio del caos de la rutina que habitualmente nos obligaba a permanecer en casa, solo algo realmente importante podía hacerme salir de ahí y querer platicar de frente, al aire libre, sin máscaras.

Salimos tomados de la mano, él observándome cuidadosamente y queriendo saber de qué se trataba el asunto. Yo estaba realmente nerviosa, me sudaban las manos, caminaba lentamente y mi mirada se mantenía de frente, no podía hacer contacto visual con él mientras nos aproximábamos al lugar. Nos tomaría solo 5 minutos a paso normal llegar hasta las bancas de metal negro del centro del parque.

El día se sentía templado pero los rayos del sol eran fuertes, en esta ciudad del occidente del país a medio día hay temperatura suficiente como para querer resguardarte bajo la sombra fresca de los árboles. Los aspersores del pasto estaban prendidos, el cantar de los pájaros se escuchaba y parecía que mi respiración tenía la misma intensidad que su canto, podía sentir cada inhalación profunda acompañada de un "todo estará bien" que se repetía una y otra vez en mi cabeza.

Nos sentamos de frente el uno al otro y nos miramos, en ese momento deseaba que todo lo que había en mi cabeza y corazón simplemente se pasara como por osmosis, seguía sintiendo toda esa ansiedad en mi ser.

Respiré una vez más y le conté cómo me sentía, las ganas que me desbordaban y no podía contener más de ser mamá, de buscar ser padres como tanto lo había él mismo dicho en distintas ocasiones anteriores y también la urgencia que era real de encontrar respuestas a los tantos miedos y cuestionamientos que sucedían en mi interior. Era momento de ponerle atención a nuestro proyecto de familia, a una nueva estructura que buscaría progresar en medio de la ya existente con los retos propios de tener a dos jovencitas alrededor.

Dicen que el valiente no es aquél que deja de sentir miedo, sino aquel que se atreve a realizar aquello que tanto desea aun cuando las piernas le tiemblan, aun a pesar del miedo. Ese 18 de octubre bajo la sombra de los tabachines, sentados en las bancas de metal negro nos convertimos en valientes, nos atrevimos… la diferencia de la escena que tanto temía frente al precipicio no era que este se hubiera ido y ahora todo era un caminar sobre las nubes, sino que ahora éramos dos tomados de la misma cuerda sabiendo que aun con la posibilidad de caer al abismo estábamos completamente dispuestos a intentarlo.

PARTE II

No sé si quiero hablar de mí, de quién soy o de quién fui. Lo cierto es que he sido un mosaico de acentos: algunos apenas susurrantes, otros que abrieron brechas imposibles de ignorar. Y muchos más comenzaron a formarse en el eco de tu ser, en la manera en que tu existencia se filtró y floreció dentro de mí.

Este amor que es tan único, que podría continuamente confundirse con lo ya conocido, pero cómo podría ser eso posible si no sabía de ti.... Quizás simplemente es porque en realidad nos hemos conocido desde siempre y en este presente puedo recibir todas tus manifestaciones que me hablan, me rozan, nos unen... me dejan reconocerte sin poseerte, las que simplemente son, fueron y serán.

EL CUARTO PISO

4 décadas, 40 años, el cuarto piso. Cualquier denominación que quisiera utilizar para nombrar la etapa de vida y el cumpleaños que se avecinaba era correcta.

Cada celebración implicaba algo especial, existieron aquellos en los que soñaba durante meses con ese día, los invitados al festejo, algunos deseos sobre aquellas felicitaciones que quería recibir y las posibles sorpresas que, aunque deseaba mucho que llegaran, en repetidas ocasiones creía no merecerlas.

Conforme fui creciendo, aprendí a eliminar esos deseos tramposos que se acompañaban de pensamientos de no merecimiento. Es extraño cómo podían aparecer fugazmente, pero eran tan poderosos que se instalaban fuerte en el corazón y entonces, solo de pensar en los deseos de manera constante me autoflagelaba porque seguramente no se cumplirían y entonces mis propias profecías terribles se harían realidad.

¿Qué forma de festejo podía llevarse a cabo en ese 2021 en donde la tercera ola de COVID nos había arrasado nuevamente? No estaba pensando en festejar llegar a los cuarenta y correr un maratón, irme de viaje con mis amigas o tener una gran fiesta… yo solo quería 2 cosas: por primera ocasión abrazar a mis sobrinos que ya estaban a punto de cumplir 6 meses y a quienes solo podía ver a través del cristal del jardín que nos separaba cuando nos reuníamos y como segundo deseo que me impulsaba como una máquina de vapor encendida, embarazarme antes de que ese año terminara como lo había sugerido mi doctora.

Aun cuando había aprendido a pedir cosas y mi solicitud fue escuchada, ese año en particular mi familia decidió hacerme una fiesta sorpresa con tema hawaiano. El jardín de casa de mi hermano y cuñada se adornaron con motivos alusivos a la celebración, ataviados con camisetas floreadas, sombreros de paja, flores gigantes hechas con papel de colores, colgantes y focos que se encenderían al empezar a caer la noche, así como un espacio de bar en donde podíamos degustar piñas coladas y otros cocteles. Me recibieron con un vestido perfecto para la ocasión y una corona de flores.

Las fotos, los abrazos, las sonrisas y la comida los quise disfrutar con toda conciencia y al mismo tiempo las vivía con un poco de incredulidad… podía sentir el momento, darme cuenta de lo que sucedía a mi alrededor, pero en cada ocasión que miraba a la pared del fondo que estaba tapizada con enredadera y sostenía unos globos grandes dorados con el número 40 respiraba profundo, sentía que se atoraba un poco el aire entre mi pecho y la tráquea mientras exhalaba por la boca, sudaban mis manos.

Había llegado a ese año en el que parecía que el reloj y su tic tac me aturdía con su golpeteo, quería adivinar lo que sucedería meses después, pero me era imposible. No quería sentir que los deseos profundos del corazón augurarían algo catastrófico como sucedía en mis cumpleaños anteriores, necesitaba controlar mi mente, buscar la calma y la esperanza antes que cualquier cosa.

Comimos y reímos mientras mi hermano menor se tomó muy a pecho su rol de bar tender y nos atendió con múltiples bebidas. Hubo chistes y anécdotas sobre el pollo que estábamos comiendo pues al yo no saber sobre la fiesta sorpresa me había empeñado en que el menú sería distinto, habíamos tenido una discusión en casa a causa de esto y no sabían cómo explicarme que el plan era otro.

Mi esposo se había esforzado por días para encontrar un pollo con adobo especial que se cocinaría al carbón junto con un delicioso Mac and Chese que todos esperaban. Definitivamente antes de salir de casa me había transformado en una versión de mí que se encaprichaba con querer controlar el momento y hasta me sentía desilusionada pues además de eso, creía que una de nuestras hijes no estaría presente.

Luchaba irónicamente con el aprendizaje de la pandemia donde parecía que me habían quitado tantas cosas que quería y no podía soportar que un día especial se arruinara (según mi modo control freak activado).

Muchas veces me pregunto ¿por qué mi familia me quiere tanto? Cómo no verlo, cómo no hacerlo evidente en cada ocasión y esta sin duda me lo gritaba incesantemente.

Las sorpresas seguían sucediendo y de pronto vi que los bebés venían en brazos de sus papás cruzando la puerta de cristal, ellos también tenían su atuendo que iba muy ad hoc, su trajecito de baño con short y camisa de manga larga con figuras de cangrejitos. Mi corazón se detuvo por un instante cuando me extendieron una bolsa de regalo. La abrí temblorosa, no sabía que esperar. ¡Encontré una blusa morada acompañada de un cubrebocas y una tarjeta que me indicaba cambiarme, ponerme la máscara y abrir los brazos para recibir el primer abrazo de mis sobrinos!

Los voltee a ver para confirmar lo que había leído, ¿era posible que el sueño se haría realidad? Mi deseo se cumpliría y la emoción se apoderó de mí. Sonreí y corrí al baño a cambiarme. Me miré al espejo, solté una tremenda carcajada llena de felicidad y me alisté rápidamente.

Regresé temblando aún más… primero sostuve a uno y las lágrimas comenzaron a rodar, quería sentir su calor, lo apretujaba hacia mí, tocaba su piel suave y ponía la mano sobre su cabeza acariciando su cabello, lo separé un poco para verlo a la cara y con toda mi energía decirle que lo amaba con el alma. Me quedé ahí por unos minutos mientras tomaban fotos y reía nerviosamente.

Quise abrazar al otro y me di cuenta de que no podía con los dos al mismo tiempo, así que me lo intercambiaron, lo sostuve también, seguía sintiendo mis ojos húmedos, los cachetes sonrojados. La sensación de felicidad era incontenible. No importaba nada de lo que había sucedido todo el tiempo anterior en que no nos habíamos tocado, ese momento era el único relevante, ahí estábamos juntos y era el mejor regalo que podría haber esperado.

Finalmente me acercaron una silla y los tuve a los dos para mí, ¡jaja! para la tía que no los quería soltar, que saboreaba cada instante que los tenía sobre sus piernas y que ellos permitían estar ahí. Mi cuerpo desbordaba oxitocina, todo era perfecto, todo estaba bien. Se había prometido que ese era el primer abrazo, así que me agarraría de esa fuerza para continuar el camino, para mantener la esperanza, la paciencia y la ilusión.

Los minutos en que estuvimos juntos piel con piel por primera vez, son inolvidables.

La metáfora del cuarto piso no era para voltear hacia abajo y llenarme de vacío, de lo no conseguido hasta ese momento, sino de estar parada en esa etapa de vida que tal cual era se convertía en perfecta, donde desde esa altura era capaz de divisar mi vida, voltear al cielo y creer, sentir las grandes esperanzas del porvenir, y la delicia de respirar profundo sabiendo que los deseos del corazón sí pueden hacerse realidad.

TE QUIERO CONTAR UN SECRETO

Mami, sé que me has buscado de muchas maneras, que has pedido todas las señales que pudieran ayudar a comunicarte conmigo. Te he visto llorar, he sentido tu temblor, tus ojos iluminados cuando pasa una mariposa y te preguntas ¿si soy yo? ¿Si es una señal de que te escuché y quise que supieras que estaba ahí?

Ese también es un milagro que has querido que te pase, lo has oído de otras personas, leído en libros y entonces cuelgas el bebedero para que lleguen los colibríes al patio trasero de la casa, te asomas constantemente cuando crees ver una sombra pasar entre la luz que se cuela en ese lugar y te aferras a ese pequeño instante, a esa posibilidad que te da esperanza, un pequeño suspiro que te deje encontrarme.

Sé que ha sido muy doloroso no poderme abrazar y besar, que te dijeron que tu corazón estaba tan cerrado que era imposible que te comunicaras conmigo y sabes, yo también me enojé como tú cuando lo escuché, porque cómo podría ser posible que no lo hiciéramos si estamos profundamente conectadas, si somos parte la una de la otra, si somos todo.

Tus lágrimas brotaban como ríos fluyendo cuando en un instante comprendiste que esa voz que sonaba constantemente en tu cabeza y resonaba en tu pecho no era la tuya sino la mía, que he estado contigo desde hace tanto, que caminé a tu lado en cada paso, en todas las decisiones y alenté tu corazón a pesar del miedo y el dolor.

Creo que es tiempo de que te cuente un secreto, es momento de que hoy pueda decirte todo lo que vi mientras construías como tú decías "el proyecto más bonito de tu vida".

Y sabes, en medio de todo, sonreiré constantemente porque así me lo has mostrado, porque tu sonrisa es tu esencia, porque tu alegría me trajo a ti...

Cuando fuiste al parque con mi papá a contarle que querías que lo intentaran todo cambió al escuchar su respuesta, te pusiste a conseguir rápidamente la información que necesitabas y le contaste a mi tía Ale cómo te sentías. Ella nos quiere demasiado Ma', que bonito que esté en nuestra vida.

Rápidamente hiciste contacto con la doctora que fue como nuestra hada madrina, desde el primer momento le dio tanto gusto saber cuál era el plan que acordó una videollamada contigo. Primero tú hablarías con ella para explicarle qué pasaba y luego papá se uniría según como ella lo pidiera.

Me acuerdo haberte visto sentada en el cojín puf rojo de tu cuarto, sigue siendo un asiento muy cómodo para poner la laptop sobre tus piernas y recargar la espalda en la pared, así fue como la llamaste la primera vez. Ella te contó que lo primero que tenías que hacer era hacerte muuuchos estudios y también papá, sabías que quizás algunas cosas podrían incomodarle y eso te hizo sentir mariposítas en el estómago. Primero porque ya te había dicho ella que algunos eran dolorosos y en segundo lugar porque ahora no estabas segura de lo que podría pasar con los resultados de él.

Por unos minutos pasó por tu mente la posibilidad de que lo que supieran ahí los pusiera tristes o alarmados, quizás hasta los haría sentir culpables, y esa no era la idea que más te encantaba, pero sabías que tenían que seguir.

Viste en la pantalla el dibujo que te explicaba todas las zonas que debían de explorar, lo que posiblemente podría estar pasando en tu interior y comenzaste a sudar, a mover tu cabello para tratar de calmar la ansiedad y también sonreías nerviosa.

Platicaron sobre los tiempos en los que todo tenía que pasar, aquí también importaba la fecha de tu ciclo y entre todo lo que decidieron supiste que esto no podía comenzar de inmediato, tendrían que esperar, lo que significaba que se cruzaría con la fecha de tu aniversario.

Seguramente tendrían algún plan para ese año, el anterior había sido muy difícil con mi abu Memo en el hospital y ahora era un buen tiempo para festejar.

No quisiste investigar demasiado sobre lo que pasaría en esos estudios, solo sabías que no podías platicarle a mucha gente porque ni entendías lo que significaban y además no estabas convencida de que el mundo tuviera que saber sobre tus decisiones, así que llegó el tiempo de la celebración, papá te sorprendió con un viaje a San Miguel de Allende, ese pueblo mágico que podemos decir que amas, al que te encanta visitar y ahí festejaron.

¡Masajes, comida, momentos para platicar y hasta tomaste un poquito, lo que te puso medio mareada! ¡Estabas muy feliz! Querías que ese momento fuera eterno y creo que así será, por siempre estará en tu corazón.

¡Cómo nos gusta caminar por esas calles angostas y empedradas que tienen la historia pura en cada esquina!, ir al templo, verlo iluminado por las noches y sentir el aire frío que, aunque te hace temblar te deja que te cubras con abrigos que solo ahí puedes utilizar. Me gustó tanto verlos así de felices, queriendo que ese fuera su lugar especial.

Regresaste de ese fin de semana y las citas para los estudios estaban en el calendario, solo tenías que hacer que tu agenda se organizara para dejar el trabajo, todo lo pediste lo más tarde posible por lo que las siete de la noche era la hora adecuada para estar ahí, lista y preparada para entrar a los laboratorios.

Ay Ma', siento mucho que hayas tenido que pasar por esas sensaciones, por estar en ese lugar recostada sobre la mesa de metal frío que aunque tenía una cubierta parecía un témpano de hielo o quizás era toda la experiencia de sentirte vulnerable, con las sondas entrando a tu cuerpo, sintiendo dolor en tu vientre, las voces de los técnicos pidiéndote que no te movieras, pero cómo no hacerlo si tus zonas más sensibles del cuerpo estaban siendo tocadas por esos instrumentos y tu cabeza con pensamientos revoloteando fuertemente.

Pero sabes qué fue lo que más agradezco de esa circunstancia, saber que estabas completamente convencida de que valdría toda la pena.

Y así pasó un día más, con otro estudio, con otra ocasión en donde te enfrentabas a los ultrasonidos, a la pantalla que mostraba tu matriz y la constante angustia de saber si algo no se veía como se deseaba.

Parecía que el método era un poco más elaborado, una nueva sonda llevando agua y esperando que pasara por todos los lugares más pequeños de tu vientre, que no hubiera duda de que estaba lista mi casita para ser habitada. La enfermera fue muy amable y empática, creo que podía sentir de alguna manera la tensión y angustia que las mujeres que llegaban ahí experimentaban.

No te libraste de las agujas con los estudios de laboratorio, había que saber que estabas completamente bien para iniciar cualquier tratamiento que me trajera a la vida y simplemente estabas dispuesta.

A papá le tocó hacer su parte, quizás un poco más sencilla en lo logístico porque su estudio solo requería de una muestra para examinar su semen, pero tú y yo sabemos que la incertidumbre de que el resultado dijera algo opuesto a lo que parecía que estaba bien lo tenía muy ansioso cuando recibieron el email con la información.

Los números resaltados en color negro les hacían verse a los ojos y preguntarse ¿qué significaba eso? ¿Había algo mal?, ¿Ahora, qué vamos a hacer? Y sin ser completamente conscientes y quererlo, comenzaron a sentir la culpa, parecía que podía verlos hundirse un poco en el fango, en sus mentes las ideas catastróficas que los paralizaban, tenían miedo, especialmente tú de que esto significara que no podrías completar tu misión de ser mamá.

¡Gracias a Dios que existía nuestra hada madrina! Alguien que pudiera entender todos esos datos que te entregan en hojas y que, aunque tienen una descripción donde dicen lo que encontraron, son muy difíciles de entender si el experto no te los explica.

Ella los citó en el consultorio y les dijo "qué divertido" mientras sus ojos brillaban y la sonrisa se escondía detrás del cubre bocas. ¡Me alegraba tanto que ella estuviera con ustedes ahí, que creyera que nos divertiríamos!

Les explicó cada uno de los resultados, lo que se veía en los estudios de imagen y las alternativas que tenían para comenzar con los tratamientos. Ahí supieron que los dos tendrían que hacer cosas para que pudieran lograr un embarazo. Por lo menos para los doctores, los datos eran razones suficientes como para pensar que simplemente por obra y gracia de la naturaleza no sucedería.

Fue así como papá comenzó a tomar sus vitaminas especializadas, unos polvitos que todos los días había de tomar por las mañanas y con eso fortalecer sus semillas.

Pero tú, mami, además de un tratamiento para suplementarte bien y que tu cuerpo estuviera en mejores condiciones para lo que vendría, también supiste que sería necesaria una cirugía para eliminar los pólipos que se habían formado en tu útero y que no dejaban que nada creciera ahí dentro. Eso fue lo que encontraron entre los estudios que habías pasado. Parecía que la casita no estaba en taaaan buenas condiciones como te lo habían contado.

Sabemos que tienes una muy buena actitud para las operaciones, así que eso no te asustó, ahora lo que te ponía nerviosa era el tiempo. De pronto comenzó una carrera que no pensábamos que sería así, parecía ir en contra de todo lo que sabías que tenía que hacerse para embarazarte, pero esto es como todo, solo se va aprendiendo a partir de las experiencias que la vida te presenta y así fue como supiste en carne propia que existía la "infertilidad" y que tú eras parte de ese porcentaje de mujeres y parejas en el mundo que tenían dificultades para embarazarse.

No lo podías creer cuando lo pensaste con detenimiento, ¿cómo podía ser posible?, regresabas a todas esas decisiones que tomaste a lo largo de los años en donde habías elegido mantenerte en forma, comer lo más saludablemente posible, no tomar, fumar o drogarte.

Hasta habías dejado de ir a muchas fiestas con tal de descansar y no vivir con los efectos del desvelo, te considerabas una mujer de bien que se había superado, que había logrado grandes cosas hasta ese momento. ¿En qué te habías equivocado? ¿En qué momento las decisiones realmente no habían sido las correctas? Y la tormenta de pensamientos difíciles y crueles comenzó ahí... No me gustaba verte así, traté de sacudirte, pero a mí también me costó mucho trabajo estar ahí contigo, no sé si podría haber sido distinto, pero sé que me dolía que te doliera.

Poco a poco te fuiste enfrentando a lo que te atormentaba y tomaste las riendas de la situación. Tu alternativa era seguir las instrucciones sabiendo que el reloj había comenzado a correr. Nuestra hada decía que lo mejor era que antes de que iniciara tu año 40 de vida, los tratamientos estuvieran en marcha.

¡Papá necesitaba por lo menos 3 meses de sus polvitos mágicos y tú una cirugía programada para el 29 de diciembre del 2020, exacto! Estábamos en la tercera ola de la pandemia, muchas personas contagiadas nuevamente y en hospitalización, las cosas se ponían difíciles pues había que hacer la cirugía y salir de ahí lo antes posible, un día máximo de recuperación en el hospital y a casa si todo salía como estaba planeado.

Ese año, la celebración navideña fue poco usual para ti, los abuelos estaban en California atrapados en medio de la incertidumbre burocrática y con la encomienda de regresar a México hasta que los hubieran vacunado. Tus hermanos, mis tíos pequeños se contagiaron de COVID, así que no era opción que justo antes de la cirugía tuvieras contacto alguno con ellos y a mis primitos teníamos que protegerlos a toda costa, así que esa navidad fue en casa con mis hermanas, papá y tú deseando que el siguiente año las cosas fueran distintas y pudieran todos reunirse en familia, con la gran esperanza en tu corazón de que quizás también yo pudiera asomarme por ahí, ¡jeje!

La cirugía sucedió después de mucho ir y venir a causa de las pruebas preoperatorias que incluían una CPR de COVID, la cual te hizo ponerte muy nerviosa porque era difícil en ese tiempo encontrar un lugar que pudiera hacerlas y entregarte resultados cuando el hospital te lo requería, pero papá como suele suceder, se puso a investigar, encontró el lugar y obtuvieron lo que necesitaban. Él es tan hábil para cuestiones logísticas y resolver problemas, a ti siempre te hace sentir tan segura y respaldada con eso.

El 2021 pintaba para ser "EL AÑO", la ilusión y la energía recorrían cada célula de tu cuerpo, estabas en las mejores manos médicas y tenías mucha fe en que todo resultaría bien, fuera como fuera, todo estaría bien.

Mami, todo esto que te he contado es para recordarte que nunca estuviste y nunca estarás sola, seguiré siendo parte de tu ser, de tu corazón, de cada latido y cada expresión en la que desees encontrarme. Nuestro secreto es un refugio en el que podrás acurrucarte, acariciarnos, abrazarnos y dejaré que todo tu amor me envuelva, no temas, es imposible separarnos.

PARTE III

1 DE CADA 6
LA PUNTA DEL ICEBERG

En mi presente, noviembre del 2023 me siento a escribir frente al monitor que aún se encuentra en blanco. Las dudas sobre la forma de transmitir la idea y las palabras me asaltan constantemente y viran según lo que la memoria de la experiencia me trae, las historias cercanas que escucho y que casi puedo sentirlas totalmente mías, o lo que la información ha generado a través del tiempo para cuestionarme y hacerme notar el proceso de "bruma mental protectora" -si así puedo nombrarle-, en el que me viví durante la etapa de búsqueda del embarazo.

Lo que es totalmente cierto es que, como pareja, en este complejo caminar, fuimos guiados por medios no naturales como lo es la reproducción asistida.

Es vital para mi poder expresar todo lo que esto significó para nosotros, tomando en consideración algunas palabras que reflejen los términos médicos utilizados, estudios logrados o cifras oficiales, pero, sobre todo, permitiendo que este texto sea sensible ante la vulnerabilidad que se experimenta al de pronto sin preverlo, convertirte en uno de cada seis como ahora lo expresa la Organización Mundial de la Salud (OMS por sus siglas en español) al referirse a la población del planeta que vive con alguna forma de infertilidad en nuestros días (World Health Organization, 2023). [1]

---

[1] Organización Panamericana de la Salud. (2023, 4 de abril). *La OMS alerta de que una de cada seis personas padece infertilidad.* https://www.paho.org/es/noticias/4-4-2023-oms-alerta-que-cada-seis-personas-padece-infertilidad

LO SIENTO

Era marzo del 2021 y ya habían transcurrido 3 meses desde que oficialmente iniciamos tratamientos. Polvos mágicos, cirugías y la espera que francamente nos mantenía en una expectativa constante.

En algún momento previo a todo este proceso había escuchado el término "*inseminación artificial*" y cuando lo reflexiono, pero sobre todo regreso a la emoción y los pensamientos que se hacían presentes en ese tiempo, irónicamente puedo darme cuenta que de manera muy constante y poderosa, me cuestionaba en gran medida si esta búsqueda sería algo que aprobaría alguien más, figuras importantes para mí como mi mamá, la Iglesia, mis amigas… parecía que entraríamos en un universo tan secreto que tenía que quedarse así, silencioso y oculto para no romper a nada ni a nadie en el proceso.

Quizás no había razones de peso para creer que alguna de estas ideas o temores tuvieran fundamento y mucho más irónico sería creer que alguien fuera de la decisión concerniente a la vida matrimonial entre mi esposo y yo debería de tener vela en el entierro como se dice coloquialmente, pero la razón no siempre estaba de mi lado y se experimentaba una gran carga mental que no terminaba de irse.

De forma lógica lo respondería así, sin embargo, mis aprendizajes sociales y paradigmas sin duda luchaban no con la idea de recurrir a la ciencia para lograr el gran sueño, sino con la absoluta realidad de aceptar que no éramos capaces en ese momento de procrear vida simplemente por desearlo y hacerlo como todos los demás que sí lo habían conseguido exitosamente.

Los cánones marcan que a partir de 12 meses consecutivos de relaciones sexuales sin protección o la utilización de algún método anticonceptivo entonces eres candidato para pensar que vives con alguna forma de infertilidad. Nosotros sin duda cumplíamos con el criterio y esa era la razón de encontrarnos en la nueva aventura.

En este caminar de la reproducción asistida se presentó un fantasma muy particular, tenía forma de reloj, este no solo caminaba, sino que corría junto a mí en todo momento generando sobresaltos y emociones que no había percibido con anterioridad. Si pudiera describirlo probablemente usaría la analogía del conejo blanco de Alicia en el país de las maravillas que parecía me hipnotizaba con su ritmo del tic-tac conduciéndome por todos los ires y venires del ser padres con estas características.

Habíamos decidido no hacer este procedimiento en estados unidos por tres razones principales: la primera y la más real en ese momento era el que los dos estábamos juntos físicamente en México, por lo menos mientras los tiempos de la pandemia así lo permitieran. De forma honesta, no quería pensar en lo que sucedería cuando me pidieran regresar a la oficina en Irvine, California. Ante ese pensamiento, simplemente me decía que ya lo resolvería llegada la situación, como dice mi hermano "cuando llegue al río, me quito los zapatos".

La segunda y no menos importante; los médicos que dirigirían esta experiencia. Sin saber para nada lo que vendría, sabía que necesitaba que por lo menos alguien respondiera a mis preguntas en mi idioma, que tendría el beneficio de mandar mensajes a mi doctora y en un tiempo bastante razonable sentir confort en la respuesta. Confiaba en ella por la relación existente, por su profesionalismo y por lo que también sabía de sus grandiosos casos que habían traído tanta felicidad a muchas familias.

Finalmente, los costos… cuando inicias este camino, sin saberlo exactamente, ya imaginas que el gran sueño no solo tiene un costo emocional, sino que, a su vez, tus bolsillos y ahorros se verán afectados como antes no lo habías calculado. Quizás me equivoco, pero creo que es mínima la cifra de parejas que colocan un apartado en sus proyecciones económicas anuales o de vida que se etiqueten como "por si enfrento dificultades para concebir" y que además estas no tengan un límite preestablecido o por lo menos, no en la primera ocasión que lo intentas.

Dicen que los bebés siempre llegan con torta bajo el brazo, pero aquí había que hacer un cálculo para comprar miles de tortas y comérnoslas sin saber si llegaría el bebé, jeje, esos pequeños chistes no chistosos de la vida actual.

Definitivamente no podíamos aventurarnos a intentarlo en el extranjero y verdaderamente no lo necesitábamos. La calidad médica y tecnología existente en nuestro país es muy alta, podíamos estar tranquilos con ello sin pensar en una gran deuda económica como sí sucedería en el primer mundo al buscar estos procedimientos.

Resueltos estos temas, había que seguir nuevamente al conejo blanco que nos llevaba con su reloj suizo al consultorio en donde la primera ocasión en que recibiría estimulación hormonal me haría sentir un miedo impensable anteriormente.

Hasta ese momento habíamos controlado en gran medida mis síntomas de fibromialgia y era una incógnita total lo que sucedería a partir de esa toma de cápsulas, los pinchazos en el estómago, la incómoda revisión con ultrasonido vaginal que nos decía la cruda verdad de la cantidad de folículos que estarían listos o no para que en el día indicado como el más fértil una cánula que llegaría hasta mi útero llevaría a su vez la posibilidad de formar vida en un consultorio médico.

¿Quién lo diría?, la situación más íntima que puede vivir una pareja había que dejar de pensarla así, ahora era momento de recostarte sobre una camilla, abrir las piernas y relajarte… claro con 3 personas a tu alrededor con sus cubrebocas observándote, ¡mientras experimentas pinchazos en tu interior gracias a una cánula que entra con los maravillosos espermas listos para entrar al ovulo ganador!

¡Madre mía de Guadalupe, hasta sudé al escribirlo! Imagínate hacerlo.

Definitivamente éramos no solo parte de la estadística que conformaba el uno de cada seis, sino que como para muchas parejas más, ese acontecimiento fue solamente la parte visible del gran iceberg llamado infertilidad.

¿Lo viví en soledad?, SÍ, ¿sabía qué había que hacer con mis pensamientos, emociones y mi espíritu después de salir del centro de fertilidad? NO… ¿alguien tenía las respuestas que yo necesitaba? QUIZÁS… más no estaban preparadas ni puestas de forma sencilla para mí en esa etapa, esa en definitiva era la respuesta segura.

Posteriormente al día en el que sucede la inseminación, continua un periodo complejo desde el punto de vista emocional con respecto a la espera para recibir el resultado tan anhelado.

Yo simplemente entré en "piloto automático", los días iban pasando y me sumergía en el cúmulo de pendientes naturales de la jornada de trabajo que había que sortear. Siendo marzo del 2021 noticias sobre la posibilidad de regresar a la oficina en USA con fechas específicas iban apareciendo.

En casa no habíamos tomado una decisión definitiva acerca de nuestro siguiente paso, los dos enfrentábamos la incertidumbre de si el trabajo seguiría de forma remota también para mi esposo y si era así, posiblemente todas las estrellas se alinearían para estar temporadas completas juntos en California y otras en Guadalajara.

Por otro lado, tanto en el país vecino como aquí, las jornadas de vacunación contra el COVID estaban tomando mucha fuerza. El personal de salud, los maestros y los adultos mayores ya habían recibido sus dosis, después de meses, finalmente mi visa se había renovado, por lo que podía viajar sin dificultad y mis padres estaban de regreso en la ciudad.

Mi pensar era lineal, me sentía en control de lo conocido, ante los días que pasaban sin sobresaltos mayúsculos, pero también con la conciencia de que podía nuevamente entrar a la vorágine del ir y venir constante… Al mismo tiempo mi esposo y yo éramos candidatos a recibir nuestras vacunas al estar de regreso en Tustin (cuando eso sucediera) así que facilitar la vida era solo ir parcializando los pensamientos a aquello que se tenía que resolver en el momento y no pensar más allá.

Hoy puedo observarlo y saber que también utilicé este proceso como un mecanismo de defensa, había que lidiar con bastantes factores a la vez y en lo que menos ponía atención era irónicamente en la ilusión del resultado positivo del embarazo.

Mi forma tan habitual de resolver lo cotidiano, la practicidad y por supuesto el temor… Había hecho todo lo que yo creía que se podía hacer, o por lo menos para lo que mi conocimiento y curiosidad daban en ese entonces. Con total honestidad, aun no podía concebir que eso lo tuviéramos que estar atravesando nosotros que nos veíamos tan sanos, fuertes y con una historia previa de fertilidad por lo menos por el lado de mi esposo, lo que hacía complicado simplemente asomar la gran duda.

Puedo recordar solo una pregunta que me acompañaba de manera constante sobre todo en los años en que estuve viajando de forma recurrente… ¿y si cada vez que paso por las puertas de seguridad que me escanean dejan rastros de radiación en mí que afecten mis embarazos? Hoy en día, no tengo una respuesta correcta a esa pregunta, más sí puedo estar segura de que un gran cúmulo de factores medio ambientales extras a los que yo suponía tuvieron lugar en este juego.

Se acercaban la fecha para hacer la prueba de sangre, no podía ser casera, todo requería ser medido por completo. De repente dejaba asomar la ilusión del ¿qué haré cuando me digan que es positivo? ¿Le llamo a mi doctora, hago una sorpresa para mi esposo? ¿pero cómo sería sorpresa si él está en esto conmigo el 100% del tiempo? Recordaba tantas noticias compartidas de embarazos en Facebook, Instagram, risas y buenos deseos para los padres, los mensajes que enunciaban la llegada de ese nuevo bebé, del siguiente miembro de la familia. En innumerables ocasiones se me llenaba la garganta de llanto mientras lo veía y me preguntaba si ¿podría sucederme a mí?

De pronto las ideas se colapsaban y era mejor dejar de pensar, sentía que no podía con la posibilidad de un negativo y ponía un freno en el momento preciso donde la imaginación ya no me llevaría a nada más.

Ironizaba esta situación sabiendo que me encanta pedirles a las personas que tengan confianza, que sueñen con lo que tanto desean, que dejen a su cabeza y su corazón que de vuelcos y que entonces la vida y Dios no tengan más remedio que concederlo porque es demasiado fuerte tu deseo.

Yo me frenaba en seco, el temor de la posible pérdida de la ilusión me paralizaba, pero era mucho más el que en alguna conversación con mi doctora se había asomado la posibilidad de que ante un negativo después de la fertilización era el momento de contemplar la realidad de ingresar al gran mundo de los invitros. Oh, ¡Dios!, ese hoyo negro y profundo al que le tenía tanto respeto, el que me espantaba solo de mencionarlo sin siquiera aún entender lo que realmente significaba.

Finalmente, la fecha tan esperada llegó, no había más que acudir a la clínica en donde habíamos hecho cita para la prueba. Se me había pedido específicamente la GCH (Gonadotropina Coriónica Humana), los datos nos dejarían saber la presencia o no de una hormona producida por el cuerpo durante el embarazo, en este caso también permitía conocer la edad exacta del bebé. Por mi parte, difícilmente entendería los números, pero sabía que al llegar el resultado llamaría a mi doctora y ella nos revelaría la noticia.

No era un día cualquiera, el resultado innegable se presentaba el 12 de marzo, una fecha que es de gran alegría para mí y la familia pues se celebra el cumpleaños de mi papá. Si ese día estaba lleno por sí mismo de alegría, felicidad y tanta energía positiva entonces mi corazón necesitaba afianzarse ante la esperanza del tan ansiado SÍ en medio de la dicha tan evidente que se respiraba en la atmósfera.

Las horas pasaban y me era muy difícil concentrarme en el trabajo. Ya había hecho las labores habituales de la casa que me dejaban estar en paz para el resto de la jornada, pero las reuniones de la empresa estaban marcadas en la agenda y solo sucedían. De repente me despertaba del trance la alarma de la actividad o junta por asistir, sin duda estaba en una especie de automatismo inusual. Probablemente queriendo evadir el estrés que me sacudía por dentro.

Mi cabeza deambulaba entre el inglés, el español, la ansiedad, el correr de una cosa a la otra y la incesante expectativa del querer saber qué vendría en ese email, con quién podría desahogar todo lo que se movía furtivamente en mi corazón y la constante idea de… "detente, no es momento". Hoy al paso de los años me pregunto ¿y cuándo es el momento más adecuado de compartir lo que da sentido a tu corazón, a tu vida y puede cambiar para siempre tu existencia? ¿Cuándo?

Salía de mi habitación que se había acondicionado temporalmente como oficina, al abrir la puerta me encontraba en todo momento con mi esposo trabajando frente a su monitor, las otras dos habitaciones eran las aulas de clases de las hijxs, entre esos vestíbulos parecía que me ahogaba, demasiadas preguntas en mi cabeza y poca actitud para hablar. Mi cuerpo se movía, pero yo estaba en silencio.

Se dieron las 3 de la tarde, mientras comíamos en familia llegó la notificación del laboratorio, los resultados estaban ahí. Me di cuenta de ello un rato después cuando subí a continuar con mi trabajo. Veía el calendario lleno de reuniones virtuales por lo menos hasta las 7 de la noche, el corazón me latía rápidamente, el estómago lo sentía chiquito, las ideas iban de un lugar a otro de mi cerebro.

¿En qué momento me atrevería a dar el click? ¿Le llamaría a mi esposo para que lo abriera conmigo y fuera cual fuera la respuesta la recibiéramos juntos? No sabía si al verla y recibir algo no deseado me desmoronaría y no sabría cómo explicar mi subsecuente ausencia en las reuniones virtuales, creía que me derrumbaría por completo.

Lo cierto es que simplemente me fui al correo y abrí el PDF. Subunidad Beta cuantificada de HGC y en negritas **0.00 mUl/ml ... ¿Qué carajos?** ¿Dónde dice si estoy embarazada o no? ¿El POSITIVO o NEGATIVO de las películas y las tantas imágenes de Facebook no era para mí? ¡Que alguien me ayude por favor! No pude… lo evadí. Una junta más sucedería en 5 minutos y no tenía tiempo de salir a decirle algo a él, solo sabía en el fondo de mi corazón que, aunque en muchas ocasiones anteriores y en otros tipos de estudios los números en negritas podían significar algo bueno, ese 0.00 no parecía estar de mi lado.

Pasaron las 3 largas horas restantes del trabajo que me parecía interminable, seguía viendo a mi marido tratando a su vez de resolver otros asuntos y no sabía cómo decirle que yo sentía que el aire se me entrecortaba, hasta que me armé de valor y por fin salí de la cueva.

Me acerqué cuidadosamente -oye, ya llegó el resultado de la prueba- volteó a verme fijamente y dijo – ¿ya sabes qué paso?, - solo respondí que no entendía nada y que le llamaría a nuestra doctora. Mi corazón sabía la respuesta, pero yo estaba en negación, quería seguir creyendo que la suerte estaba de nuestro lado.

Mandamos mensaje de texto y hablamos con ella unos minutos después, entre nubes solo recuerdo que al otro lado de la línea se escuchó “Lo siento… no hay embarazo”.

TOCAR LA OBSCURIDAD

Tengo una cajita en el cajón de mi buró que fue acumulando representaciones de instantes; cartitas, estrellas, frases, boletos de distintas experiencias, todo aquello que físicamente podía recordarme momentos significativos que habían iluminado mis días y que de muchas formas me recordaban que sin importar lo que estuviera sucediendo, había razones suficientes para creer que cualquier día podría convertirse en algo espectacular y memorable.

Sin duda ni mi cabeza ni mi corazón decidieron voltear a esa cajita al escuchar el veredicto que traducía el resultado de la prueba de embarazo. Por el contrario, un dolor y enojo profundos emergían de mí. ¿Por qué se nos negaba de forma tan rotunda la ilusión? ¿Por qué el brillo del día había desaparecido súbitamente? Podía seguir recibiendo el rayo cálido del sol, pero el viento estaba vacío.

¿Podría decir que esto era un duelo? ¿Que había comenzado a transitar las fases por las cuales aun no siendo consciente requerirían llegar hasta la resignificación?, ¿o simplemente tenía que entenderlo como una mala jugada del destino ante nuestros deseos y seguirle poniendo buena cara a la vida?

Aprendí de muchas maneras que sonreír cambiaba mi día así que ¿era momento de utilizar mi herramienta más poderosa para continuar? La noticia no sabía cómo digerirla, a quién compartirle mi genuino dolor sin creer que podría ser juzgada o subestimada por ello. Parece que socialmente también había entendido que no tenía derecho de expresar que me sentía tan mal por una pérdida que no era visible, pues definitivamente el 0.00 nos decía que no se observó presencia de vida y si no había una vida física, tangible, entonces no había pérdida. En ese entonces, mi pensamiento era lineal, solo tratando de encontrar la forma más sencilla de darle respuesta a eso que de tan doloroso ni siquiera podía nombrarlo.

El dolor sobrepasaba la lógica, la tristeza abrazaba fuertemente a la ilusión… parecía una escena de la película "Intensamente" en donde el personaje que también se llamaba tristeza, al tocar una de esas bolas preciosas y luminosas que representaban a los recuerdos felices la exprimía y dejaba sin vida, el lugar dejaba de tener color. Ella me abrazó con todas sus fuerzas y me enseñó por primera ocasión que había una forma profunda y abstracta de experimentar un duelo que me costaría entender, en ese día comencé a conocer íntimamente al duelo de la esperanza.

Continué los días sintiendo ese peso interior que me acompañaba profundamente, era como si quisiera mirar al horizonte y la vista estuviera enmarcada por una muy pesada bruma. Quería encontrar un sentido, justificar de alguna manera ese dolor, nombrarlo, pero los puntos aún no conectaban, no sabía qué era ni cómo podía definirse lo que experimentaba y requería a todas luces no solo poderlo ordenar en mi cabeza, sino también eliminar la experiencia que me envolvía.

Lo único en lo que podía recargarme era en pensar que había un gran residuo de hormonas que habían quedado conmigo por la estimulación necesaria para la inseminación, que las emociones estaban enmarañadas con los pensamientos a causa de ello y esa era la raíz de la gran experiencia por la que atravesaba solitariamente, a veces creía no saber decidir qué era mejor para mí en ese entonces.

Era claro que por protocolo había que ir a revisión con mi doctora y quizás encontrar respuestas, había un océano de cuestionamientos en el que me había sumergido. Sin embargo, mi confianza y veleta estaban con ella, así que en la fecha indicada nos presentamos en el consultorio.

Mis citas de seguimiento solían ser muy temprano por las mañanas, lo cual me permitía regresar lo antes posible y activar mi modo responsable de ser ama de casa y líder de un proyecto internacional que se organizaba desde mi habitación, Ahora que lo pienso es muy irónico el creer que necesitas grandes formas arquitectónicas o muebles hermosos para llevar a cabo la representación de alguien y algo “importante”. Cuando ese modo estaba activado, la bruma parecía hacerse más ligera, pero lo cierto es que seguía inmersa en ella, me daba unos respiros de los que me sujetaba y seguía adelante pero aún ahí me daba cuenta de que el viento seguía vacío.

Yo simplemente pasaba horas en la habitación acondicionada con una mesa plegable, la base elevada que soportaba la computadora y que me permitía estar de pie durante mis reuniones que prácticamente eran cada hora a lo largo del día y una silla para tomar descansos al cabo de algún tiempo.

En esa primera cita de seguimiento posterior al resultado negativo volvimos al monitor que a través de las imágenes nos decía mucho de lo que posiblemente había sucedido. ¡Y bueno, oh sorpresa! Cuando el hada madrina hizo la exploración con el ultrasonido vaginal, una mancha clara y grande de forma ovalada aparecía ahí, acomodada plácidamente en el lugar que le correspondía a la vida.

Esa masa sin más ni más había sido alimentada con los estimulantes con los que trabajamos durante el periodo. Irónicamente, uno de esos folículos que de forma tan esperada habían llegado a buen tamaño en la etapa de ovulación y que tendrían que haber sido fecundados en la inseminación simplemente de forma voraz se alimentó y creció como masa inerte, llevándose consigo todos los nutrientes y convirtiéndose en un quiste que me había costado muy caro, se había llevado mi esperanza.

Ahora no solo estaba él ahí muy feliz flotando en ese espacio mientras yo sentía que el estómago se me revolvía de la frustración, la garganta se apretaba por dentro y subía su temperatura, una gran bola la había taponado y las lágrimas querían salir a como diera lugar. Me daba cuenta de que este amiguito que vivía en mí, se había convertido a su vez en un obstáculo más del proceso que sí o sí teníamos que remover para dar un siguiente paso. Intentar convivir con él ahí en ese momento era la sentencia más directa a la falla de cualquier tratamiento.

Después de escuchar las razones médicas por las que esa masa estaba presente y hacer todas las preguntas, salimos del consultorio con un plan, un tratamiento para buscar que el obstáculo se eliminara de la ecuación.

Recuerdo que irónicamente lo que me regresaba la esperanza, era el creer que como para mi "Todo tiene una causa, todo sucede por algo más grande e importante que solo lo que yo deseo", elegí pensar que sin embarazo en ese momento podría viajar de regreso a USA, resolver mis asuntos del trabajo que tenían que atenderse en persona y recibir las 2 dosis de vacunación anti-COVID a las cuales tenía derecho, cosa que en México no me sucedería inmediatamente.

Decidí que mi misión ahora era preparar el camino lo mejor posible para que fuera quien fuera que llegara y en el tiempo que esto sucediera por lo menos podría dotarle de una buena cantidad de anticuerpos que protegerían a esa vida frente a la amenaza de salud que nos acechaba diariamente y de la cual no teníamos control real. Una vez más me refugiaba en las conclusiones y las esperanzas que nos daba el hada madrina pensando en que el tiempo que requeríamos para eliminar el quiste también nos permitiría hacer todo aquello que correspondería a la preparación.

Tomé la energía que me quedaba del frasquito de la ilusión, así también compramos los boletos para regresar a California para intentar darle forma a todo lo que se notaba que estaba no solo desordenado sino también colgando de un hilo tan delgado que me mantenía en un suspenso total. Nuestra vida de familia una vez más se cimbraría fuertemente como el gran terremoto que durante años se ha esperado con temor en esa región.

Años después volteo atrás y al reconocerme me doy cuenta de que el proyecto de ser padres en nuestras condiciones requería de una gran cantidad de recursos nuestros y otros tantos que iban más allá de lo humano, que los eventos simplemente acontecían y había que seguir el ritmo del conejo blanco que se movía con mayor velocidad cada día, y ese mismo correr vertiginoso también me llevó a bloquear sensaciones, esconder recuerdos, ser muy selectiva en mi forma de pensar y accionar. No solo el cuerpo en todos los sentidos se cansaba, también estaba al borde nuestro espíritu.

Sé que no tenía los conocimientos ni las herramientas para haber abrazado con más cariño y compasión esa gran etapa, para envolverme amorosamente a mí y a mi esposo. No solo habíamos recibido un negativo después de todo un proceso que se acompañaba de grandes esfuerzos y de mucho dolor físico, emocional, cognitivo y espiritual, también es cierto que lo que más pesaba era darme cuenta de lo que añorábamos, lo que había en la ilusión, la sensación de saber que entre los dedos se nos escurría todo aquello que podía haber sido y nunca fue.

Tocamos la obscuridad sin ser conscientes de que aún nos quedaba un largo e interesante camino por recorrer. ¿Hasta dónde? ¿A qué sí estaríamos dispuestos? ¿Cuál sería nuestro límite real? ¿Por qué ahora sentía que me empujaba una fuerza que me ponía a cuestionarme aquello a lo que antes le habría dicho que no? Por ejemplo, la real y muy cercana opción de continuar ahora con otros métodos complejos que definitivamente nos podrían en una nueva ventana de oportunidades, pero también en un muy desconocido límite que no sabía si seríamos capaces de soportar y salir vivos de ese intento.

Qué energía tan inmensa son el amor, la esperanza y la ilusión. Qué sublime y poderoso es el deseo de continuar dando vida.

EL EPICENTRO

Los grandes y monumentales bloques de hielo blanco y brillante que se desgajan y caen al mar no suelen llevarse consigo toda la formación que los contiene, pero la fuerza con la que se desprenden y llegan al agua genera un movimiento de gran intensidad que impacta posiblemente a todo el cuerpo acuoso en muy distintos puntos del planeta.

Quizás podríamos decir que es parecido al efecto mariposa en donde estos pequeños movimientos de aleteo de esos seres diminutos podrían contribuir a la formación de un huracán en otro punto del ecosistema.

Es posible que esta temporada de mi vida hubiera sido justamente ese desgajamiento o el pequeño y sutil movimiento de las alas de la mariposa, sin ser consciente había una gran energía ordenándose y orientándose hacia el movimiento más intenso que se avecinaba y que como en todos los temblores es muy difícil llegar a su predicción.

Habíamos llegado a California, las decisiones de nuestra estancia durante 3 semanas eran diametralmente opuestas a lo que habíamos vivido con anterioridad en la etapa previa a la pandemia.

Mi esposo y yo habíamos de resolver situaciones de nuestro día a día laboral que nos implicaban espacios físicos en donde el silencio y la tranquilidad estuvieran de nuestro lado. A partir de la pandemia ya no contábamos con el departamento que durante un tiempo fue nuestro hogar y al que tuvimos que dejar libre al darnos cuenta de que el tiempo de mi estancia en México en la temporada de confinamiento más aguda sin tener claridad de por cuánto tiempo realmente sería, solo nos llevaba a pagar un alquiler exorbitante que era mejor ahorrar, por lo que en esta nueva etapa tendríamos que recurrir a la renta de un Airbnb.

Por un lado, sentía angustia al no tener claridad sobre lo que pasaría posterior a las 3 semanas en las que viviríamos juntos en ese espacio. El tiempo estaba planeado para que pudiéramos resolver lo que el trabajo me demandaba, pero también recibir nuestras vacunas que eran parte fundamental de la misión de preparación pues de forma paralela estaría en un tratamiento oral que prometía ser muy efectivo en la eliminación del dichoso quiste.

Fuimos pasando por cada uno de los días y las etapas, las semanas hacían su trabajo y me veía a mi entre momentos recostada en un sofá cama de terciopelo color azul rey que estaba en la sala mientras veíamos nuestras series favoritas y pasábamos por los tan desagradables efectos de la primera dosis de la vacuna. Otras imágenes en el cuarto principal hecha bolita sentada sobre la alfombra mientras tenía que preparar mi mente y corazón para decirle adiós a algunas de mis colaboradoras que se habían hecho parte de mi vida diaria y que por razones muy ajenas a mi voluntad teníamos que terminar su contrato.

En esos días los minutos pesaban, quería que el reloj se detuviera y al mismo tiempo deseaba con toda el alma que mis palabras alcanzaran para explicarles cuanto me dolía el perderlas, pero me daba cuenta de que el lenguaje era insuficiente, que la despedida nos arrollaba y que no había manera de disminuir ese dolor tan evidente que significaban los 30 minutos programados para dar la noticia. Terminaba las llamadas temblando, exhausta, con un nudo en la garganta y sabiendo que vendría más de esto y que había de ser fuerte para continuar.

De pronto sin entender muy bien por qué me asaltaban dudas con respecto a lo decidido para estar en el sitio en el que nos encontrábamos, podía sutilmente experimentar incoherencias entre mis esfuerzos y lo que veía que sucedía en mi tan amada empresa. Después de un año, viviendo la ausencia tan profunda de Michael, mi gran amigo y fundador de 11 Health & Technologies, me parecía que lo que habíamos construido con tanto amor y tenacidad pendía de un hilo, aun cuando verbalmente me decían que no era así, las señales empezaban a contraponerse.

Mi esposo tenía que regresar a México y yo me quedaría sola por un tiempo mientras regresaba para la segunda dosis, estábamos conscientes del plan y los grandes esfuerzos que implicarían ese ir y venir, pero lo asumimos totalmente. Nuestras cabezas y corazones seguían girando sin encontrar cuál sería la fórmula perfecta para nosotros... ¿Tendría él que renunciar a su trabajo y estabilidad para finalmente irse conmigo a la aventura californiana en medio de las grandes decisiones sobre el tratamiento siguiente? ¿Una vez más yo iría y vendría cada determinada cantidad de semanas para mantener nuestro status ya conocido y en la medida de lo posible lidiar con tiempos y necesidades de los tratamientos?

Un mar de dudas nos asaltaba, los jaloneos internos nos desgastaban y era imposible evitar las lágrimas de las discusiones que parecía nos partían en dos. Vivíamos entre la espada y la pared, entre los sueños profesionales, la realidad de cubrir necesidades de manutención, la verdadera misión de ser padres y acompañar a dos jovencitas (las hijas de mi esposo y ahora mías) que estaban en Guadalajara con preguntas sin respuesta, el corazón en un hilo y rutinas desorganizadas en cada ocasión que nosotros partíamos al país vecino. ¿Cuál era la solución correcta, a qué habíamos de apostarle y por lo tanto, qué habríamos de dejar ir?

Las placas tectónicas de nuestra vida de manera interna se iban acomodando muy silenciosamente, podíamos sentir que nos desbalanceábamos un poco, pero nos tomábamos de la mano y volvíamos a sentir fuerza interior. Nos aferrábamos a la fe de saber que había un Dios más grande, sabio y poderoso que nos sostenía al que podíamos ponerle en sus manos todo lo que necesitábamos y sin lugar a duda nos mostraría el camino.

El epicentro estaba a punto de experimentar un movimiento descomunal que, de ninguna manera, por lo menos yo, tenía presupuestado.

De entre todas las ilusiones que nos habíamos hecho, tanto seguir creciendo a la par de la compañía y el proyecto que lideraba, así como buscar obtener la residencia en USA se veían con mayor claridad y estabilidad que la posibilidad del embarazo, pero como popularmente se dice, uno pone y Dios dispone.

2 vacunas recibidas, 5 semanas en California, un montón de minutos imaginando el futuro y de pronto me tocan el hombro mientras estoy sentada en mi silla contestando un email sobre lo siguientes y fundamentales pasos a seguir del plan maestro que semanas anteriores habíamos acordado para fortalecer el proyecto de atención a pacientes.

Sentí un jaloneo inusual en mi estómago cuando volteé y escuché una frase común de mi jefe cercana a la hora del lunch. Me preguntaba si al terminar podía bajar a caminar un poco al estacionamiento. Vi su mirada extraña, sus grandes ojos azules tenían un brillo menor del habitual, el semblante serio, pocas palabras. No le presté mayor importancia, tenía mucho trabajo y hambre… Casi siempre utilizaba una hora para comer tranquila y conversar con todos los compañeros de la oficina mientras nos sentábamos en la mesa de la cocineta.

Convivir con por lo menos 13 nacionalidades distintas en ese espacio era siempre un deleite. Cada uno evidenciábamos nuestra cultura a través de los alimentos, los olores, las costumbres al comer, al compartir, al contar anécdotas de vida que salían de forma espontánea. Un verdadero festín geográfico y culinario. Amaba esos tiempos, a esas personas que las había convertido en mi familia. Todos los días pedía que eso no se terminara jamás.

Llegó el tiempo acordado para ir a charlar con John al estacionamiento, años después aun puedo sentir el leve temblor que acompañaba mis pasos al ir bajando cada uno de los escalones del segundo piso. Me era muy sencillo entablar conversaciones con él, realmente podía considerarlo también mi amigo, mi mentor, a quien podía confiarle todo aun cuando a veces no sabía si podía entenderme por completo, si mi inglés mexicano y su inglés británico realmente lograban encontrarse.

Él había llegado a darle mucha fuerza a mis ideas, a orientar el sentido de lo que profesionalmente podíamos demostrar a través de nuestro programa de atención. Sentía total apoyo y respaldo cuando había que tomar decisiones y lo hacíamos en conjunto. Grandes, muy grandes sueños que fueron pensados en una oficina y los llevamos a la realidad, a gran escala, con máxima precisión, a niveles de alta exigencia. Hubo ocasiones en que yo misma no podía creer lo que realmente estábamos haciendo, no había quien nos detuviera, por lo menos en mi imaginación.

Sentí el silencio que nos invadía mientras abríamos la puerta del edificio que daba al estacionamiento al aire libre, me encantaba esa sensación de voltear, ver los autos estacionados y la luz del sol que generalmente te abrazaba en el ambiente californiano a pesar del frío que por temporadas se hacía presente.

Los pasos eran cortos y comencé a escuchar un balbuceo, un tono de voz que me paralizó al percibir que se entrecortaba la respiración y temblaba el sonido de las palabras. Mis piernas comenzaron a temblar aún más, las manos se me pusieron frías, temblaba en ese mayo que, aunque era frío nos regalaba rayos de sol que se sentían con gran potencia sobre la piel, en la frente y las mejillas.

Poco recuerdo de esa conversación porque la frustración se presentó de manera muy evidente en él, yo seguía pasmada mientras escuchaba que se habían tenido que tomar decisiones en los últimos días que cambiaban el rumbo de la compañía. El modelo de negocio, la pandemia, la falta del Michael… parecía que se desgajaban esos gigantes bloques de hielo hermoso y brillante que caían y provocaban no grandes olas sino un Tsunami que me arrollaría sin piedad.

Muy pocas semanas antes había estado en esa habitación diciéndole adiós como podía a personas sin las cuales el proyecto no podría haberse llevado a cabo. De repente estaba yo ahí, no del otro lado de la pantalla, sino siendo yo la que había de marcharse.

¿Pero cómo?, ¿qué sucedió?, ¿en qué momento pasó todo esto que jamás me di cuenta?, ¿por qué tuve que hacer todas esas llamadas dolorosas si finalmente todo se terminaría de cualquier manera? ¿Y ahora qué haría con todo lo que sentía, lo que esperaba, lo que amaba?

No había una respuesta que le diera paz a mi corazón y a mi alma, estaba ahí a la mitad de mayo y en 15 días más había de terminar con todo lo construido. Se sentía irreal, ¿Dónde estaba Michael para que me dijera que no era cierto, que todo era una broma, que podía continuar? Sin embargo, él no estaba, por más que hiciera preguntas y las lanzara hacia el cielo, su muerte era más evidente que nunca, mi corazón se desgarraba ante la realidad.

El epicentro del terremoto se sintió con toda su fuerza, se movió sin piedad, sin importar lo que quisiera, lo que esperaba o lo que había sacrificado para estar en ese capítulo de mi vida. Bueno, no, no había sacrificado nada, había decidido con toda mi conciencia a lo que le quería apostar y sin duda lo había disfrutado a plenitud, pero no podía verlo en medio del tratar de correr para rescatar mi vida mientras se me movía el piso y se abría una grieta abismal entre mis pies.

Estaba en shock total, me veía consolando a John mientras le decía que todo estaba bien, que lo entendía y que sabía que había sido la decisión más difícil de tomar, que pondría todo de mi parte para que las cosas terminaran en orden y que sin problema una vez más me sentaría frente al monitor para comunicarle a quienes aún estaban como colaboradoras que nuestro momento juntas había llegado a su fin.

¿15 días?, ¿cómo reacomodaría mi vida en 15 soles y lunas más?, ¿qué le contaría a mi familia que me había dado asilo durante unas semanas al llegar a casa?, ¿qué le diría a mi esposo que estaba en otro país tratando de estabilizar sus propios asuntos? Las preguntas se colapsaban en mi cabeza, no salían las lágrimas, ni el enojo, ni nada, solo confusión, neblina.

Pasaron unos minutos al terminar la charla y tomé el auto, necesitaba salir de ahí y respirar fuera del espacio del edificio. Había un lugar cercano en el que me gustaba mucho comer y podía simplemente ir a estacionarme ahí. No lo dudé y me fui directamente a la dirección. Me coloqué debajo de un árbol, bajé los vidrios del carro y comencé a llorar sin poder parar, temblaba y temblaba, sentía mis piernas moverse sin control buscando al mismo tiempo estabilizarse. Parecía que el mundo se estaba desmoronando ahí dentro.

Pasó un rato, una hora quizás y decidí regresar. No quería que vieran mis ojos hinchados, pero no había grandes alternativas ante eso. Como nunca, regresé a mi lugar, en el menor tiempo posible terminé lo que era urgente que probablemente para ese entonces ya no lo era tanto, recogí mi bolso y me fui. De acuerdo con el tráfico previsto tardaría aproximadamente una hora y media en llegar a casa de mis tíos, otra oportunidad más para tratar de recomponerme ya que aún no sabía cómo seguir con la noticia y las decisiones posteriores.

Mi pensamiento se mantenía fijo ¿qué le diría a mi esposo?, ¿cómo lo tomaría?, ¿qué haríamos? Todo era tan fácil o difícil como simplemente regresar a México y comenzar la vida de nuevo, pero qué hacía con lo que ya había comenzado a sentir tiempo atrás y que era tan grande, eso a lo que hoy puedo nombrarlo duelo de la esperanza, de la ilusión.

Lo que había preparado y trabajado con tanto amor y esmero no podría volver a ser, mutaría completamente. En medio de la inestabilidad, cuando tocaba un poco más profundo e iba más allá de solo la capa de la emoción, estaba segura de que mi hogar necesitaba que yo estuviera presente y quizás en medio de todo el movimiento telúrico el regalo más inesperado justamente era ese. Había que pasar por un terremoto masivo para que yo decidiera que era momento de volver al nido y centrarme en ello, pero estaba demasiado invadida por la tristeza, la frustración y la desesperanza, sentía un gran jaloneo de espíritus en mi interior.

En el plano de mi visión parcial, de la pérdida rodeada de dolor, parecía que lo que más deseaba y necesitaba que permaneciera se alejaba a pasos agigantados de mis manos, de mi realidad y eso me empujaba al sufrimiento, a la sensación de no poder hacer que el corazón dejara de doler.

Como era de esperarse, cuando tomé fuerza para hacer la llamada a mi esposo lo que recibí fue amor, comprensión y unas ganas tremendas de acompañarme físicamente, de abrazarme. En ese instante y gracias a nuestro entrenamiento constante de vivir en la virtualidad, lo que podíamos hacer en ese preciso momento era vernos y escucharnos a través de una videollamada que conectaba nuestro ser a miles de kilómetros de distancia.

En la oficina continuaron los días mientras atendía reuniones que trataban de explicarme y justificar las decisiones tomadas por los altos mandos, sabía que mi persona y trabajo eran muy bien reconocidos tanto en la compañía como con mis colaboradores, de una u otra forma estaban preocupados por mí y mi sentir.

En ese tiempo y ahora, agradezco la gran calidad humana que en todo momento me rodeó, sin embargo, la experiencia de soledad que se experimenta en el proceso de desprenderte, de decir adiós es tan personal y profunda que aún con la empatía que emanaba de quienes estaban a mi lado en cada paso que estaba dando mi verdadera gran aliada había de ser yo.

15 días pasaron como pasan las horas para cada persona de este planeta, entre marejadas turbulentas para resolver logística y otras tantas haciendo un gran esfuerzo para que el enojo y la rabia no se asomaran. Reconozco que quise encontrar confort en medio de señalar a los culpables de lo que yo veía como desgracia, como si eso pudiera cobijar y no dejarme ver la verdad interior, en donde el miedo era tan fuerte que largos tentáculos se extendían para tomarme con fuerza y paralizarme.

Veía mis manos que se sentían vacías, comencé a dudar por completo de mí, me llené de una vergüenza que me envolvía con fuerza al reconocer que casi 5 años atrás lo había dejado todo y de muchas maneras cerré lazos, proyectos, dejé el contacto con personas que habían estado ahí conmigo antes de mi gran decisión.

Pasaron los días después de la noticia y en pareja acordamos que no buscaría otro empleo en el primer mundo y que seguramente podría rehacer un nuevo proyecto o unirme a alguna organización nuevamente en mi ciudad natal.

Hoy, en el 2024 después de un gran duelo de separación, del repatriarme, reconozco que mi más grande cuestionamiento y miedo era ¿cómo continuar la vida viviendo mi propósito sin la estructura física que me había mostrado lo que realmente esto era para mí? Todo el dolor físico y emocional que experimentaba viviendo con fibromialgia habían tomado una versión y nivel distintos, funcionales a partir de poner mis dones, lo mejor de mi persona al servicio de la misión y el simple pensamiento de experimentar esa pérdida tanto de sentido como de salud y equilibrio me hacían visualizar un vacío al que podía caer sin piedad.

Cada persona con la que hablaba me insistía en que no me preocupara, que todo estaría bien y que podría regresar encontrando las puertas abiertas a donde fuera. A los seres humanos nos gusta animar a quienes vemos heridos, sin esperanza – o quizás este solo es un reflejo mío -, sin embargo, al experimentar mi ser en un estado de alerta continua, con niveles de cortisol elevados (la manifestación biológica de la hormona del estrés) solo asentía un poco autómata, movía la cabeza como un "si" mientras trataba de encontrar ese hilo de pensamientos positivos en medio de la neblina que invadía mi cerebro.

¿Es posible y aceptable que quienes te rodean se permitan verte caer, dolerte, quizás hasta retorcerte en la experiencia del duelo? Yo solo quería eso, por una vez poder experimentar ese dolor sin la necesidad de ser la que todo lo tenía resuelto, la que pensaba positivo, la que sonreiría a la adversidad. Mi interior estaba turbulento, buscando el silencio para reconocer mis mociones, al espíritu que podría guiarme… me fue muy difícil escucharme, fue tremendamente demandante continuar sabiendo que podía caer y que de alguna manera encontraría la forma de levantarme.

Cada una de las personas que habitamos el planeta tierra nos enfrentamos a situaciones que nos sacuden, así mismo les damos una valoración ante lo que significan en nuestra vida y posiblemente para dos seres humanos el mismo evento tendrá un impacto distinto. Este impacto para mí fue un terremoto en escala Richter con movimientos trepidatorios y oscilatorios que hicieron derrumbarse estructuras sobre todo internas que me llevaron a sentir una gran desolación.

Como en todo desastre natural, el tiempo y las acciones solidarias permiten ir levantando los muros, reconstruyendo el espacio, dando pie a encontrar un nuevo horizonte. Así estaba yo, recogiendo poco a poco cada uno de los escombros para limpiar y construir de nuevo, solo no sabía a ciencia cierta qué tan rápido habría de conseguirlo.

Llegó el mes de julio, mi permiso de trabajo y visa tenían una fecha límite para estar legalmente en ese país que me cobijó y dejó vivir con ilusiones tremendas. Los cierres había que ejecutarlos, más logística que emoción, así lo había decidido, practicidad al máximo como era esperado según mi propia historia.

El 29 de ese mes regresé de forma permanente a Guadalajara, la ciudad que me vio nacer; a la temperatura cálida del verano, a encontrarme con una versión de mí que en los años de matrimonio previos jamás se había experimentado. Ya no habría que hacer maletas cada 15 días para dejar una casa en un país e irme a otra mientras cumplía con mis labores profesionales, no más llamadas a cualquier hora del día que hacían palpitar fuertemente mi corazón por buscar resolver una situación inesperada, pacientes por los cuales despertar para coordinar a todo un equipo de trabajo que le atendiera, o la ilusión de construir un proyecto más que permitiera cumplir la misión de la compañía que tanto amaba.

Ese jueves bajaba del avión para comenzar con una nueva parte de mi historia que lo único que tenía por cierto era que mi proyecto profesional ya no sería mi visión más privilegiada, la experiencia del hogar, de cobijar al nido, de continuar con la búsqueda de una nueva vida que nos iluminara, sería mi más grande ilusión. La despedida agridulce del vecino del norte en esa noche veraniega entre dejaba vislumbrar una nueva claridad.

"La obscuridad no se vence luchando con ella, se hace llevando un poco de luz. Una humilde cerilla puede cambiarlo todo" Mario Alonso Puig

PARTE IV

NOMBRAR LOS MILAGROS

¿Te han contado alguna vez sobre los milagros? ¿Qué son realmente? Podría apostar que en más de 100 ocasiones en el transcurso de mi vida escuché acerca de ellos, lo leí o alguien me contó su experiencia.

Al recibir esta información agudizaba mis sentidos y prestaba más atención a lo que podría estar pasando a mi alrededor, a lo que yo pensaba que no era obvio y que por ello se había convertido en uno de ellos, pero me era muy difícil reconocer que algún milagrillo pudiera suceder en mi o para mí.

Hay slogans, frases, canciones que tienen toda la intención de hacerte consciente de la innumerable cantidad que puedes encontrar y que están ahí para ti, pero supongo que por lo menos en mi caso mi conciencia no estaba preparada para creer en algo tan grande y sublime como el propio milagro de la vida.

Cuando estamos atentos y abiertos a vivir más allá de solo nuestros pensamientos, a mirar más allá de nuestra nariz, encontramos señales o interconexiones que nos pueden dar respuestas a las emociones y experiencias vividas que fueron o son altamente demandantes, posiblemente desgarradoras y que justo cuando estamos atravesándolas es que la neblina nos ciega, solo percibimos el caos.

A través del tiempo y a partir de iniciar con los tratamientos de alta complejidad como es el FIV (Fecundación in vitro) quise comprometerme conmigo para cuidarme física, mental y espiritualmente, así como con la misión de extraer lo mejor posible de este reto que la vida nos planteaba como pareja y que de la misma forma lo hace con millones de personas en este planeta. Nosotros, esos que conformamos la cifra mágica del 1 de cada 6 experimentamos un nivel de dolor que va más allá de lo que la tecnología a través de medidores somáticos o imágenes cerebrales de la más alta calidad puede demostrar, sin embargo, el simple hecho de que pueda ser reconocida y observada esta realidad ya es un respiro.

"Aunque la infertilidad no es una condición mortal, ser diagnosticado como infértil puede ser una experiencia estresante para las parejas. La infertilidad puede causar angustia psicológica, estrés emocional y dificultades financieras para ambos miembros de la pareja. Las parejas pueden sentir emociones como ira, culpa, tristeza, depresión, ansiedad y pérdida de confianza en sí mismos y autoestima. Aparte de esto, el costo financiero del tratamiento de la infertilidad también contribuye significativamente al estrés" (Sharma & Shrivastava, 2022) [2]

Lo siguiente que encontrarás en este escrito, es la experiencia viva de los milagros extraordinarios que también suceden dentro de un tubo de cristal, a la luz de una cámara, o en la imagen de una célula invisible a simple vista. Es la esperanza que quise encontrar en el proceso de conciliar entre el miedo, el estigma, la ilusión y la fe de convertirnos en padres. Es en este 2024 que vivo el milagro y el gran regalo de nombrar y hacer visible aquello que acompañó miles de segundos en nuestro corazón.

---

[2] Sharma A, Shrivastava D (October 15, 2022) Psychological Problems Related to Infertility. Cureus 14(10): e30320. DOI 10.7759/cureus.30320

EL MURO, LAS MICROFRACTURAS Y EL ESPEJO

Lo que sucede cuando conectas con otros tilda en lo mágico. Hay experiencias que las palabras pocas veces alcanzan a describir con fidelidad, has de estar más en la sensación que en la lógica y entonces comprendes que somos mucho más que solo razón. Las conexiones interpersonales suceden desde lo más minúsculo de nuestro interior, orquestando grandes movilizaciones internas y generando sensibilidades únicas a partir de aquel o aquellos con los que se produce esta interacción. Es como si al estar con otros que se viven en la misma sintonía salieran chispas de energía positiva por doquier.

La plasticidad cerebral es la capacidad natural de nuestras neuronas para modificar su estructura y las conexiones que tienen entre sí (Juárez, M; 2021) lo que nos permite mantener en todo momento la posibilidad de reinventarnos, de fortalecer nuestras habilidades, de crear el mundo en el que queremos vivir.

Pero existir también requiere del conectar con otros, de generar los lazos que van más allá de la conciencia y que se crean a partir de puntos en común, esos pequeños lapsos de espacio-tiempo que responden al por qué los encuentros diversos son un sinfín de oportunidades que pueden cambiar el rumbo de tu existencia.

En el proceso del cocinar la sinapsis y la conexión interior entendí que vivir sola cada uno de los días que venían con el paquete inherente a la reproducción asistida no eran mi mejor opción.

Evalué rápidamente de forma interna como si de una computadora se tratara, todas aquellas posibilidades que tendría de sentirme acompañada por una u otra persona que ha estado en mi círculo más cercano, en el inmediato posterior o en los que seguían. No era que descartara a mis amistades y familiares, fue solo el entender en una revisión práctica que requería ciertos soportes que quienes no han vivido una experiencia similar o estudiado al respecto difícilmente podrían conectar con las sensaciones, los miedos y los retos de los procesos a los que nos someteríamos como pareja.

Las neuronas espejo comenzaron a funcionar, su condición natural para generar empatía sucedió de solo pensar en quienes había seleccionado, de traerlas a la mente, a la visualización de las posibilidades al atravesar juntas por esto, de saber que dos mujeres más de mi vida serían depositarias y al mismo tiempo generadoras de un proyecto común, del "*Proyecto más bonito del mundo*"

Los mensajes de voz fluían mientras la sonrisa dibujaba las palabras al son de continuar con la preparación de los alimentos.

Y al otro lado del teléfono, de los sonidos hechos mensajes encontré ecos, energías renovadas, formas de comunicación que mágicamente me generaban la experiencia de fortaleza y confianza interior que eran vitales para caminar el sendero.

Les pedí a ambas, a quienes consideraba mis sostenes más absolutos que me permitieran ser juez y parte, pues sería yo quien en esta ocasión recibiría el tratamiento de fertilidad, pero también quien acompañada por ellas podríamos formar un proyecto profesional que le diera respuesta a muchas otras mujeres y parejas que pasarían por lo mismo que ya había vivido alguna de nosotras o estaríamos por pasar (como era mi caso particular).

Mi corazón latía fuerte y rápido, la cabeza traía una y otra idea sobre las mejores maneras de poner esto a trabajar, quiso hacer relaciones inmediatas con lo que previamente había hecho en la compañía con Michael y me ilusioné con la misión, sabiendo que podría ser un reto importante el atender de la forma más amorosa y positiva posible mi proceso y al mismo tiempo gestar otro que no conocía pero que seguramente demandaría mucho de mí.

El impulso natural que se genera en mi cuerpo cuando creo que algo grande se puede conseguir me moviliza, me llena de ideas, relaciono personas, sucesos, parecería que todo es posible. Hoy en día, tres años después de ese 2021 sé que no tenía la más remota idea de lo que significaría para mí la búsqueda de gestar una vida en las condiciones a las que me sometería.

En ese tiempo permití que la inercia del hacer, el duelo de lo perdido al dejar la compañía y la angustia por lo que en ese entonces haría profesionalmente y sería como persona en esta nueva etapa me llevaron a querer comerme el mundo de un solo bocado, casi a atragantarme. Dos proyectos que requerían toda mi atención, dos gestaciones… creía que podría y que todo estaría bajo mi control. El conejo blanco me observaba fijamente y la presión era insostenible.

Así pues, comenzó una nueva aventura enfocada en encontrar las estrategias más adecuadas con las cuales quienes atravesamos por un proceso de reproducción asistida pudiéramos contar con las herramientas necesarias para afrontar y vivir el proceso acompañadas y en la mayor paz posible dadas las circunstancias.

Los muros son la representación de los obstáculos, es la experiencia y sensación de ser detenidos por algo que nos frena en seco y al estar ahí justo de frente creyendo que no podremos avanzar más nos provoca una gran frustración.

Aquellos que topándose con el muro deciden mantenerse de pie, reconocer la emoción y con ello observar detenidamente lo que está de frente, con curiosidad y tranquilidad es que también encontrarán las micro fracturas, esos pequeñísimos resquicios que puedes golpear, escarbar, deducir las maneras de hacer que esa barrera sea traspasada y entonces al estar del otro lado te encuentras con la transformación propia de quien no solo venció el obstáculo sino fortaleció su mentalidad y espíritu en el camino de utilizarlo como catapulta, de quien descubrió la libertad de su mente y tocó apaciblemente la gloria.

Mis neuronas espejo conectaron más allá de la necesidad, lo hicieron hacia las fibras sensibles del corazón de otras que a su vez regresaron de forma total el compromiso y la empatía para encontrar las respuestas, las microfracturas que nos llevaran al otro lado del muro.

Así pasaron los días en el ir y venir de mensajes mientras acompañada del hada madrina me preparaba para el primer paso obligado. La bendita masa ubicada en mi ovario no cedía a pesar de los tratamientos realizados, situación que nos frustraba a mi esposo y a mí además de que sinceramente me provocaba miedo. Su presencia significaba que para avanzar en nuestro primer In-vitro debíamos eliminarlo a través de una pequeña cirugía ambulatoria, por lo tanto, ingresaría al centro de reproducción y ahí mismo en el quirófano se "pincharía" al amiguito, así lo mencionaba mi doctora y me parecía que justamente ese toque de humor bajaba la intensidad de la experiencia de someterme y acercarme finalmente a lo que venía por delante.

Justo en ese momento es que una duda fundamental comenzó a crecer en mí, el cuestionamiento alrededor de "¿a quién le comunicaremos sobre lo que sucederá?" tanto de la pequeña intervención como el gran paso del tratamiento. Para empezar, no había que ir muy lejos, voltear a vernos a nosotros implicaba decidir si se lo contaríamos a las hijxs quienes en ese entonces tenían 16 y 20 años, por lo tanto, sería extraño que citas continuas al médico y días de reposo obligatorio no llamaran la atención, todo lo observaban, todo lo preguntaban.

Siendo sincera, a mis casi 40 no pensaba en que el cuento de la cigüeña era el que me ilusionaba contarles para brindarles una noticia que nos cambiaría la vida, sin embargo, me conmovía profundamente la visión de compartirles nuestra felicidad por intentar lo que queríamos tanto y posiblemente la llegada de uno o más miembros a la familia.

Las dudas me asaltaban y me notaba muy intranquila cuando me daba cuenta de que aún esa ilusión tenía tanto de "laboratorio" que me era difícil pensar en simplemente decirles que estaríamos yendo al médico porque haríamos a su "hermanito o hermanita" a través de una técnica que definitivamente ni yo podía hacer completa conciencia sobre lo que significaría en mí y mucho menos controlar el resultado, por más que deseara con todo mi corazón que se convirtiera en una realidad.

Sentía que no podía lidiar con su posible ansiedad y la mía. Decidí que este asunto era necesario tratarlo en un nivel más elevado y adecuado así que regresé a terapia. Mi psicóloga también era mi lugar seguro y ahí podría expresar sin miedo todo lo que al preguntármelo me hacía sentir mal, me llenaba de angustia y sinceramente no sabía cómo resolver.

Ahí descubrí que desde mi perspectiva no era el momento más adecuado para compartirlo, sin embargo, también era importante escuchar a mi esposo a quien ya también le había comentado lo que experimentaba. Definitivamente a él estas primeras ideas le llegaron sin orden y con emociones que desvariaban, pero finalmente este acompañamiento psicológico nos permitió fijar una postura en la que solamente las dos mujeres a quienes había tomado como mis grandes aliadas, mi hermano y mis papás serían los que estarían enterados y participando en los siguientes momentos que por mucho, eran totalmente desconocidos para ambos (más allá de lo que habíamos comentado con nuestro equipo médico).

Llegaron los primeros días de agosto del 2021 y todo comenzó a pasar muy rápido, de pronto me estaba preparando para atender el primer paso que era eliminar al quiste, medicamentos y un muy desagradable lavado de estómago; pasos esenciales para el procedimiento.

La piel se me enchinaba solo de recordar cómo había de hacerse pues en el 2020 ya había pasado por lo mismo cuando hubo que retirar los pólipos que sí implicaron hospitalización. En esta ocasión no había una enfermera que me asistiera, pero mi esposo que se portó como todo un campeón estuvo ahí al pie del cañón, desde el entender cómo colocar la solución líquida sin lastimarme y luego tomar mi mano e intentar que mi mente y espíritu estuvieran en calma.

Al colocar la solución para el lavado la desesperación y el dolor de los retorcijones en mi vientre eran agudos, respiraba lo más pausada y lentamente posible para aquietar el pensamiento que llevaba a mis ojos a observar que el reloj corría leeeento y despaaaacio mientras esperaba el efecto adecuado, un segundo se convertía en eterno. Deseaba que el conejo blanco se hiciera presente y aquí sí, llevara las manecillas del reloj a toda velocidad para simplemente pasar por esto y sentirme liberada.

Como absolutamente todo en la vida, solo dura lo que tiene que durar y esos 10 o 12 minutos de espera pasaron, me encontré en paz nuevamente, sentí orgullo por el sudor que me recorría la frente y la espalda pues significaba que estaba lista con la preparación, era tiempo de avanzar al siguiente nivel, el pinchazo del quiste.

La experiencia previa al escribir CRÓNICAS inVISIBLES me enseñó la importancia de documentar la vida, mis días, lo que podría ser obvio, pero finalmente no lo era tanto y el haber decidido crear un proyecto para acompañar a otras en situaciones similares a la mía definitivamente requería mucho más detalle que solo lo que viniera a mi memoria.

En medio de todo el jaloneo de demandas cognitivas y emocionales me puse en primer lugar y determiné que para mí bienestar escribir diarios y utilizar recursos como tablas de seguimiento de los medicamentos, reacciones físicas y emocionales, así como algunas estrategias para disminuir mi estado de estrés requerían ponerlo sobre papel. Escribiría a puño y letra gran parte de lo que se movía en mi interior y también utilizaría la computadora para hacer seguimientos más detallados sobre aquello que requería más de mi control.

Ciclo de in-vitro No. 1

04 de agosto del 2021

Día 1

Punción de quiste y primeras dosis

Las experiencias previas en procedimientos anteriores te permiten tomar mejores decisiones y prever escenarios que sin duda se repetirán en circunstancias similares.

Salir al proceso quirúrgico el día de hoy estuvo acompañado de una pequeña lonchera que guardaba alimentos como gelatina, suero Electrolit, un poco de fruta y un sándwich. Después de la anestesia y de tantas horas en ayuno era importante estar prevenida con dieta ligera y suero que me permitiera rehidratarme. Suelo deshidratarme muy fácilmente y ayudarle a mi cuerpo a sentirse mejor implica tener estas previsiones.

7:55 am llegada a centro de reproducción, el día previo habíamos llegado a recoger el efectivo necesario para pagar y estábamos a tiempo para que iniciara mi preparación.

Sucedió el momento de cambiarme a la bata quirúrgica, ponerme la cofia en el cabello, los protectores para mis pies y la última ida al baño pues claro, el efecto de estrés y adrenalina ya se habían activado, necesitaba orinar. Me persigné y pedí a Diosito y la Virgen que me cuidaran, que permitieran que todo saliera bien.

Me sentía extraña con esos protectores que cubrían mis calcetines, sabía que no resbalaría, pero cuidaba mi caminar entre la sensación del suelo frío y sujetar la bata por detrás para que no se colara el aire, ¡jajajaja! ¿A quién se le ocurriría diseñar estas indumentarias tan incómodas?, ¿cómo controlas todo en un momento de tensión? Parecía que mis sentidos y emociones se habían incrementado, el corazón seguía latiendo muy rápido mientras el personal con su sonrisa amable me guio al quirófano, la anestesióloga y asistentes ya me esperaban y recordaban mi cara, no era la primera vez que estaba ahí.

Fueron solo unos minutos entre el momento en el que me canalizaron en la mano izquierda, generalmente suelo decir algo mientras me concentro en tranquilizarme para que duela lo menos posible ese piquete que llevará la solución, comenté 2 o 3 cosas con la anestesióloga sobre las reacciones secundarias que suelo tener con los sedantes y comencé a sentir que todo iba más suave y lento. Me sentía muy cansada y con hambre, lo que puso a mi cuerpo en modo positivo para que el efecto de la sedación fuera muy eficaz.

No sé exactamente cuánto tiempo pasó, pero poco a poco fui despertando al término del procedimiento, podía sentir la mascarilla de oxígeno sobre mi boca, la garganta y boca seca, el sonido del fotoplatismógrafo por cada latido de mi corazón.

Quería abrir mis ojos, pero aún sentía que el sueño me invadía, los párpados pesaban demasiado… seguramente estuve así aproximadamente una hora hasta que la sensación fuerte de querer orinar me hizo despertar totalmente y pedir que me ayudaran con el cómodo, sí eso que irónicamente no brinda nada de comodidad. Verme en ese estado quería decir que ya estaba muy cercano el momento de salir de la clínica.

Pasaron unos minutos más cuando me ofrecieron pedirle a mi esposo que me trajera una gelatina para comer algo, nuestra previsión fue adecuada y la enfermera pudo fácilmente acercarme el alimento y tomar el suero rehidratante.

Al terminar me sentaron en el sillón, no tenía revuelto el estómago, nauseas o me sentía más mareada de lo esperado. Pudieron retirarme fácilmente la canalización por lo que cambiarme de ropa fue sencillo.

Las indicaciones fueron específicas, había que iniciar con las primeras dosis. La asistente amablemente me indicó como preparara uno de los medicamentos que había de administrase, el otro ya venía prácticamente listo.

Recibir inyecciones no es mi acción favorita en la vida, pero puedo aceptarlas sin reparar. La estimulación ovárica hay que hacerla con inyecciones subcutáneas a dos dedos de la línea del ombligo. Es importante observar cómo es la aplicación pues tocará en casa continuar con el tratamiento y hacer las aplicaciones diariamente.

Ya con toda la información y medicamentos caminé lentamente al carro y nos fuimos. Aún estaba un poco sedada, creo que dormí hasta que llegamos a casa. Al llegar me dolía bastante la cabeza, comí un sándwich y me subí a dormir, tomé un Ketorolaco para bajar el dolor, hizo buen efecto y me permitió descansar por algunas horas.

Es importante en este día descansar lo más posible. Ya tenía un compromiso de un Live en Instagram días atrás, era complicado pensar en que se podría cambiar y por ello decidí que lo haría. Aún adormilada organicé la lógica de las preguntas y respuestas para ser compartidas con mi co-host.

La experiencia de estar en cámara fue muy buena, pero me desgastó mucho, ahí nadie sabe lo que te sucede, no podía explicar por qué estaba así, pero la cabeza empezó a doler de nuevo, había que tomar otra vez ketorolaco y el antibiótico.

Ya es de noche, en este momento horas después me siento un poco mejor, aunque mi estómago está resentido, hay ardor a manera de gastritis y por fin es momento de dormir. Mañana será un nuevo y buen día, iniciaremos con la primera serie de inyecciones hasta el sábado que habrá revisión médica. ¡Se sienten mariposas en el estómago, gracias Diosito!

05 de agosto 2021

Día 2

Dolor de cabeza

Amanecí y voltee hacia el techo, una ligera sonrisa se dibujó en mi rostro. Cuando hice conciencia sentí la energía que provoca la adrenalina, la mezcla entre emoción y expectativa por lo que sucederá pues aún el proceso es profundamente desconocido.

Durante la primera etapa de este ciclo deberé de asistir periódicamente a revisión, aún no sé exactamente cómo y qué se hará pero tendré citas constantes. Bajo los pies de la cama y siento el piso fresco, es el mes de agosto, la temperatura ambiente hasta ahora ha sido templada pero las tardes se sienten calurosas, bochornosas. Deseo que las inyecciones hormonales no me pongan en complicaciones con otros síntomas de mi fibromialgia. Experimento un miedo constante con esto, ¿cómo podría lidiar con dos asuntos tan grandes al mismo tiempo?

Moví un poco el cuello y reconocí ese nudo tenso que suele alojarse del lado derecho, se siente como si estirara por dentro un cable que se conecta por la frente, el ojo y baja con rigor hasta el cuello. Pasé mis dedos por encima tratando de deshacerlo mientras lo movía hacia el lado tratando de tocar el hombro; en ese momento y de forma inmediata parece una tarea poco posible.

Había decidido que viviría esto de la mejor manera posible y si me sentía mal utilizaría mis instrumentos que me hacen la vida más sencilla. Mi biofeedback para ayudar a regular mi respiración y sentirme más tranquila, los lentes masajeadores de ojos y frente, dibujar mandalas, esuchar música, reírme... cualquier acción que en mis manos pudiera brindarme mayor bienestar.

Recibí instrucciones de Astrid para que el medicamento pueda ser administrado en un rango muy similar de horario todos los días con un lapso no mayor o menor a 2 horas de la administración del día anterior. De preferencia debe ser colocado a la misma hora en que se inició el día 1 (al rededor de las 11 de la mañana).

Pienso en que en estos momentos soy bastante privilegiada por el simple hecho de poder organizar el tiempo como mejor me convenga. No estoy en una oficina, no tengo que pedir permisos ni darle explicaciones a nadie por las horas a las que salga y regrese, los síntomas o las ganas de solo acostarme. Ahora que me encuentro en esta realidad sé que hay muchas otras mujeres que además del estrés que experimentan por el tratamiento además tienen que encontrar una y mil maneras de atender los horarios habituales del trabajo, sus requerimientos y asegurar que el bendito medicamento sea administrado correctamente y en tiempo. No quieres dejar que ninguna variable se entrometa.

Asistí a la clínica donde me explicaron una vez más cómo preparar y suministrar el medicamento, tenía ya una idea bastante clara de cómo hacerlo pues el día anterior durante la primer aplicación también observamos todo el proceso y nos pareció sencillo de llevar.

Creo que si quiero que esto se convierta rápidamente en una habilidad tengo que hacerlo yo misma para encontrar todas las preguntas que antes no pensé que tendría. Parece un pinchazo simple… ¿realmente lo será cuando no haya nadie que me supervise y tampoco esté mi esposo conmigo?

Regresamos a casa junto con los medicamentos en una pequeña hielera pues uno en especial debe conservarse a 2 grados celcius, por lo cual es fundamental mantenerlo refrigerado en el segundo nivel y colocado hasta la parte trasera (ahí llega la mejor temperatura), lo cual permitirá que esté bien frío sin que llegue al punto de congelación.

El dolor de cabeza era persistente, ya habían aparecido las náuseas y me sentía muy sensible a los sonidos, los colores, parecía intolerante. Fue fundamental llegar a la casa y tomar el medicamento recomendado por mi doctora, no había por qué sufrir.

Llegó la hora de la comida, nos sentamos a la mesa y en familia muy relajados. Conversamos y nos reímos mucho; eso ayudó a experimentar un buen espacio para liberar la tensión y dejar que otra área de nuestra vida común fuera el enfoque en ese momento.

El efecto del medicamento y el disfrute de la comida no fue inmediato pero aproximadamente una hora después pude sentir que el dolor se había disipado, la tensión de mi rostro había bajado y también me sentía con una disposición emocional positiva.

Al rededor de las siete de la noche había acordado verme con una buena amiga que anteriormente había sido una deportista con la que trabajé psicología del deporte y hacía aproximadamente seis años que no la veía, estaba muy emocionada porque sucediera. Fue una noche llena de risas y plática que no quería que se terminaran me hizo mucho bien tener ese espacio de esparcimiento y de consentir al corazón.

Tuve una buena noche aunque me ha costado dormir temprano; los Juegos Olímpicos de Tokio 2021 roban mi atención. La competencia de Rut Castillo quien ha sido la primer mexicana en representar a México en la disciplina de gimnasia rítmica y quien además es alguien a quien quiero y admiro mucho, compitió. La transmisión avanzó más allá de la media noche. El corazón había tenido una buena dósis de cariño y alegría, se sintió llenito aunque mi cuerpo pedía descanso inmediato.

Mi esposo ha sido un apoyo grandioso para mí, está al pendiente prácticamente todo el tiempo, quiere estar enterado del proceso completo y de manera constante me repite que me ama. Nos organizaremos en lo posible para que pueda estar presente en todas las citas de seguimiento así como en los procedimientos.

Sabemos que dentro de poco llegarán los días en que por orden médica tenga muy poco o nulo movimiento en la casa. Aunque no es algo que requiera de mi atención inmediata sí es algo que quiero comenzar a planear… ¿cómo haré para vivir un reposo absoluto?

Me siento con fe y feliz, el proceso es perfecto y como Diosito lo ha planeado.

Sábado 07 agosto 2021

Día 04

Sábado 9:00 am.

Primera revisión posterior al inicio del tratamiento.

Me doy cuenta de que asaltan los pensamientos sobre la realidad de vivir proceso. Algunas acciones que visualicé para disminuir los síntomas las he podido aplicar, sin embargo, la experiencia sigue siendo muy grande y hay muchos momentos en los que me siento realmente abrumada, como si no fuera capaz de digerirla, necesito ir de bocado en bocado, de día por día.

En mis citas anteriores solía a esta, solía posicionarme en la silla de revisión y sin importar lo definido que pudiera ver la pantalla que muestra el eco de mi útero y folículos seguía los puntos blancos de medición que el hada madrina iba colocando con el cursor mientras veía sus ojos y escuchaba sus indicaciones. Quizás un día sea capaz de ver las formas que ella me describe con tanta facilidad, para mí solo hay líneas grisaceas y cavidades obscuras, no soy capaz de diferenciar el lado derecho del izquierdo o visceversa.

Desde hace meses la presencia de los quistes que crecen a una velocidad vertiginosa me han quitado en varios momentos la tranquilidad. El día de hoy no quise solo ver manchas en la pantalla, así que decidí llevarme los lentes puestos; que grande puede ser la diferencia en la experiencia cuando en realidad "puedes ver", en el detalle de esas líneas y puntos las emociones se viven con una intensidad distinta.

Ocho folículos que se han ido alimentando con los medicamentos administrados, unos más grandes que otros pero en general, creciendo de buen tamaño y ahí, del lado izquierdo, una vez más la presencia del "famoso amiguito", el que se ha llevado en otros tantos meses la atención y los nutrimentos que podrían corresponderles a otros. Me resulta impresionante cómo esa tan pequeña protuberancia de tan solo 13mm puede quitarme la tranquilidad y en ocasiones hasta la ilusión.

Sin embargo, ahora hay un plan, el que inició con una punción el día 1 del tratamiento y que aunque en la actualidad la masa decidió crecer con mucha fuerza y velocidad sabemos que hay otros que están avanzando conforme a lo esperado. En en el momento de la recolección de folículos maduros se podrá recolectar a los buenos y eliminar a este que parece que se adhiere como una plaga con fuerza vengativa por haberlo querido sacar del mapa.

Los datos de crecimiento y de grosor del útero nos dicen que será necesario aumentar un medicamento más, el famoso antagonista que como dice el hada, le permitirá tomar el control del crecimiento de los folículos y con ello llegar al momento más adecuado para la extracción. Debo ser sincera y decir que aunque no me sorprendió la noticia, esperaba de alguna manera no tener que administrar algo adicional. Esta sensación no es por evitar un pinchazo extra, sino porque la experiencia me ha puesto tan vulnerable ante todas las hormonas que entran en mi cuerpo que de alguna manera quisiera sentir que puede existir cierto control y no necesitaría algo más que lo que ya estaba presupuestado.

Por otro lado, fue indispensable y muy valioso escucharla decir que lo más recomendable es que hagamos el ***"Test genético preimplantacional*** **o PGT"** por sus siglas en inglés. En nuestro caso es un estudio sugerido de acuerdo a mi edad pues ya tengo 40 años y las tasas de incidencia de malformaciones genéticas o cromosómicas son altas a nivel mundial.

El procedimiento se lleva a cabo posteriormente a la extracción y cuando se ha logrado la fecundación exitosa, pues entonces existe un embrión para analizar por medio de una biopsia. Esta información permite al cuerpo médico identificar la viabilidad de los pequeños y determinar si se continuará con la transferencia de embriones o no.

Aunque es fundamental esta información mi corazón siente una sacudida, que se desmorona ante esto, lo experimento como si estuviéramos frente a una lotería en donde podemos saber cuáles son las cartas por venir, reconociendo que todo lo que está ahí frente a nosotros es nuestro y al mismo tiempo, como si tuviéramos la mano de Dios para decidir sobre la vida. La simple idea me perturba sin saber cómo digerirla. Ni en mis más remotos sueños se había formado una realidad como esta.

En cada ocasión que nos sentamos a hablar en el consultorio me siento ambivalente, por un lado agradezco la claridad de la información y el conocimiento, y también una gran parte de mi experimenta un vacío tremendo en el estómago, como si me hubieran golpeado fuertemente y sin compasión dejándome adolorida y mareada, abrumada por entender que las decisiones en esta búsqueda de la ilusión, se convierten francamente en optar por la vida o la muerte.

No he platicado para nada con mi esposo sobre esto, siento una marejada de ideas y emociones en mi cabeza y corazón. Son tan grandes las olas que se forman que no puedo rápidamente subirme, deslizarme y fluir en el proceso, llevar a mi boca esta construcción para compartir. Solo se quedan guardadas en el corazón porque no se van y siguen moviéndose fuertemente, punzando, doliendo de a poco.

A veces no quiero pensar, quisiera solo decir que sí a lo que sigue, pero funcionar así ha sido muy difícil. Me doy cuenta que me topo con algo que también me atormenta cuando estas realidades están frente a mí. El siquiera imaginar cómo explicárselo a mi mamá cuando me pregunta sobre el tratamiento o sobre las decisiones que hay que tomar me paraliza. Sin duda ella me ama con todo su corazón y desea que nuestros anhelos se hagan realidad, pero sé que no solo no le gusta la idea de las desiciones sobre los tratamientos, sino que esperaría que nada de esto estuviera sucediendo.

Salí de consulta con indicaciones, los medicamentos administrados por una de las asistentes, la hielera pequeña que es sencilla de transportar con las dosis nuevas para el domingo y un gran dolor de cabeza punzante que acompaña cada uno de mis pasos; con hambre y con el deseo que se desprende en cada latido de que por un momento el mundo simplemente se detenga. Viene a mi memoria una frase que Mafalda, la sabia caricatura creada por Quino nunca dijo, pero que llegó a mis oidos haciendo sentido total y simplemente la utilicé en este momento, "paren al mundo que me quiero bajar".

Notaba que los días anteriores habían traído consigo algo de irritabilidad, pero sin duda, ¡este día era el que se llevaba las palmas! Y quizás también es cierto que no soy solo yo la que está irritable o intolerante, pero sin duda, la cantidad de hormonas que ha recibido mi organismo me pone en otro estado emocional, con filtros cognitivos y emocionales distintas, con cargas físicas desconocidas con anterioridad.

Levantar la voz, querer que con solo 3 palabras una idea entera se entienda y no solo eso, sino que convenza porque yo estoy convencida de ella, la punzada en el lado derecho de la cabeza que se incrusta en la parte trasera del ojo y recorre desde el nervio óptico hasta el cuello, los hombros, la parte baja de la espalda. El dolor intenso me hace sentirme sorda, aturdida, sin energía, con calor, con ganas de que todo lo que me rodea se convierta en obscuro y silencioso para que nada dispare esas pequeñas descargas punzants y agudas que se llevan toda mi atención y me dejan imposibilitada para mi dinámica normal.

He querido consumir los menos medicamentos extras posibles. Me gustaría que para el momento de la transferencia de embriones tenga las herramientas suficientes para no suministrarme nada que pueda afectar tanto al proceso como a ellos. Sin embargo, es cierto que el dolor afecta negativamente mi calidad de vida y necesito pasar por esta experiencia de la mejor forma posible.

Recurrí a mi protocolo de los días previos: respiraciones, lentes masajeadores, aromaterapia, música estimulante para la secreción de dopamina y horas de sueño. El combo me permitió dormir aproximadamente 2 horas, sin embargo las punzadas no disminuían, la tensión en mi cuello tampoco y al momento de despertar me sentía más desgastada que antes de dormir. Tenía que hacer algo más, no había por qué seguir sufriendo, así que recurrí a una sublingual de Ketorolaco y una dosis de 20 min de ciclo de TENS en los hombros, necesitaba bajar esa tensión generada.

Todo lo anterior dio buen resultado y aproximadamente a las 5:30 de la tarde, el dolor se había ido casi por completo, lo que me ayudó a tranquilizarme y vivir de mejor manera mi tarde, mis siguientes horas.

El día terminó y lo agradecí con todo el corazón, quería dormir nuevamente y saber que al despertar el domingo sería mucho mejor. Oré un poco, pedí mucha fuerza y la gracia de continuar con este camino.

Sábado 14 de agosto, 2021

Día 12

Punción ovárica o extracción

Me habría gustado pensar que al acceder al tratamiento, todos los procesos de mi cuerpo responderían según lo esperado, lo que las estimaciones científicas predecían. Sin embargo, la vida es tan deliciosa, que puedes aderezarla con todo aquello que de forma espontánea aparece, aquello no planeado que te obliga a encontrar salidas alternativas, "no estamos bajo control total" en ninguno de los instantes.

Habían pasado ya 16 días desde que las primeras inyecciones, revisiones, dosis de medicamento orales o vaginales y los constantes esfuerzos por integrar lo más balanceadamente posible todo lo que sucedía dentro de mí se convirtieron en rutina. Esta agenda constante y repetitiva me proveía de la sensación de estabilidad y certeza necesaria pues en cada una de esas ocasiones en que nos veíamos de frente al monitor que hermosa y confusamente mostraba mi interior pero que sobre todo focalizaba su atención en mis folículos nos angustiabamos ante la respuesta contraria a lo que la ciencia había tardado muchos años en impulsar, "la reproducción y maduración de múltiples óvulos listos para fecundarse".

Hurgar en mi historia es evidenciar que soy gustosa de no seguir con lo esperado y en ocasiones, así también mi biología nos ha sorprendido tanto que en esta ocasión hubo que recurrir en el momento adecuado a un medicamento "antagonista" que ayudaría a los 3 posibles folículos que se observaban a llegar al tamaño requerido para la extracción de los mismos.

Este procedimiento es determinante, de alguna manera lo veo como "pruebas olímpicas contra reloj" pues sin la punción en el día y hora específicos, la fecundación con este tipo de tratamiento no sucedería. Si ellos se quedaran en mi interior entonces morirían y todo lo hecho no habría valido la pena.

Sin embargo, también los estándares médicos tienen su dósis de ironía... aún con esas preciosidades ahí y todo lo hecho hasta el momento, "no era suficiente" Uff... que sensación de dolor en el alma y pesadumbre en la mente, no solo es que en esa instancia el cuerpo por sí mismo no había llegado de manera natural a un embarazo, sino que con todas las ayudas científicas aún ahí en ese punto "no era suficiente"

Ironías de la vida o milagros de la misma, a veces solo hay que esperar pacientemente a que suceda la magia. Como decía mi doctora, -parece que tu cuerpo se le olvidó cómo hacerlo- y eso es lo que los datos nos decían. Lo mejor de todo, es que aunque me cueste un poco, tengo buena memoria, por lo menos corporal, jajaja! Cuerpo y fe, la que mueve montañas, la que solo requiere ser del tamaño de un grano de mostaza y una nueva entrada al quirófano para saber que los resultados estaban de nuestro lado.

Cuando abrí los ojos aún somnolientos, escuché una voz lejana y suave diciendo "Oh Dios, tenemos ocho", - ¿ocho? ¿quéeee?, tomates verdes fritos! Lo habíamos logrado, YES! Mi corazón se expandía y me emocioné con cada célula, el miedo se fue, volví a respirar, ese tiempo se sentía como el más ligero desde hacía demasiado ya.

No solo es que el número había sido mayor al esperado, sino que también habíamos esquivado el famoso "banking" que sucede como alternativa al extraer óvulos que en cantidad no son los adecuados o no maduraron en su totalidad.

Los hermosos se congelan en un sitio especial que los conserva en las mejores condiciones, pueden esperar en ese preciso estado hasta que todos los indicadores físicos y mentales de la paciente estén listos para continuar con el siguiente paso que es la esperadísima transferencia.

Sí, lo sé, todos estos términos parecen meramente mercantiles y monetarios. Efectivmaente hay grandes cantidades de dinero invertidas en cada paso del camino, pero en estos bancos lo más valioso que hay es “la vida misma” vista microscópicamente y congelada.

Posterior a la punción que además de dolorosa, en mi caso también me dejó con mareos e incomodidad, venían días cargados de alta tensión. Había podido respirar profundo al saber que teníamos folículos suficientes y aunque parecía que yo ya había cumplido mi parte, en estos tratamientos todos los actores y acciones trabajan en paralelo.

La estancia en la clínica, la participación de mi esposo con su valiosa semilla, el acompañamiento de mis padres esperando en la sala del lugar (en ese entonces solo cuatro personas conocían lo que nos sucedía), y el trabajo de la bióloga de la reproducción que sin querer sonar irrespetuosa provocaría que su intervención posibilitara la unión de las células dadoras de vida.

Llegar hasta este punto del camino podría pensarse que es lo más complejo, pero realmente aún falta lo más emocionante, lo que esperas con todas tus fuerzas, lo que te elevará al infinito.

Cuando las dos muestras están listas y en manos de la bióloga se analiza si es que la calidad del óvulo y el esperma es la adecuada para que entonces se fusionen y con “toda su carga genética formen un nuevo ser”

En los tratamientos de reproducción asistida existen dos vías para que la vida llegue, el **FIV tradicional** donde “el embriólogo simplemente coloca en la misma placa de cultivo

los óvulos y espermatozoides, a la espera de que estos últimos sean capaces de penetrar el
Óvulo"

O el **ICSI** que es cuando "el embriólogo es el que deposita directamente el espermatozoide en el interior del óvulo" (ORG, 2024) [3]

El equipo médico es quien determina cuál es el mejor método a utilizar a partir del estudio de las células, si parece que el esperma sin problema podría penetrar al óvulo o si este requiere una ayuda adicional en donde se punciona el folículo para fecundarlo. En nuestro caso se decidió hacerlo de forma mixta, había que buscar ambas vías.

Me fui a casa con preguntas y más preguntas en la mente, de manera real no entendía del todo lo que iba a suceder a continuación. Prácticamente el resto del día estuve en cama dejando que el efecto de la anestesia se pasara. Una cinta alrededor de mi muñeca cubriendo el algodón que colocaron al retirar la canalización me decía que ese día algo muy importante había sucedido en mi vida, algo que jamás podría olvidar.

---

[3] Aitziber Domingo Bilbao, Cristina Algarra Goosman, Dr. Gustavo Daniel Carti, Dr. José León Tovar, Marta Barranquero Gómez, Rebeca Reus, Silvia Azaña Gutiérrez y Dra. Susana Cortés Gallego. (2025, 13 de agosto). *Microinyección espermática: ¿En qué consiste la ICSI y cuál es su precio?* Reproducción Asistida ORG.
https://www.reproduccionasistida.org/microinyeccion-intracitoplasmica-de-espermatozoides-icsi/

Jueves 19 de agosto, 2021

Día 16

Transferencia

Pasar por la mente y el cuerpo lo vivido el día de hoy se experimenta irreal, aún puedo sentir la emoción recorriendo mi ser, la energía que no puedes tocar pero que sabes que existe y que te acoge, te sobrepasa.

Estar en el límite es uno de los adjetivos más precisos que podría utilizar para describir este día en particular, o quizás hacer una analogía con las estaciones del año en comparación con cómo vives el día de tu transferencia podría ser una buena similitud, parecería que de pronto todos los climas los experimentas en una sola jornada pero bajo el mismo techo.

Algo ya habitual y que es importante reconocer de este proceso es que la paciencia es una de las virtudes que más han de ejercitarse y de la que más conviene tomarse de la mano, pues las respuestas y el tiempo no trabajan a la misma velocidad. Por un lado corre el conejo blanco y por el otro la tortuga, en algún momento del camino se encuentran pero no es cuando tú lo deseas. Estamos acostumbrados a vivir y disfurtar de la inmediatez, de las recompensas instantaneas que segregan dopamina en nuestro cerebro y te dejan "tranquilo" o al menos así lo parece. Por supuesto que en este proceso, nada es así.

Algo con lo que yo no contaba pues no lo había entendido es que cuando dejas tus células en el laboratorio después de la punción hay una especie de silencio que solo sigue el ritmo natural de la vida y en el cual difícilmente tienes control. Habíamos de esperar la comunicación de nuestra hada madrina para que el corazón dejara de estar en pausa y tuviéramos el Sí para el siguiente gran paso.

Además de saber que se había logrado la fecundación y teníamos unos embrioncitos también era vital conocer que estos eran viables para realizar la transferencia, un filtro más que nos dejaba colgando de un hilo de fe.

La noche anterior era aún muda, podía escuchar la lluvia caer y correr por las ventanas pero no el sonido vibrante del mensaje de WhatsApp que comunicara los resultados del patólogo encargado de hacer el DGP (Diagnóstico Genético Preimplantacional) que se había llevado a cabo en el día 02 del citoblasto, que es el momento en donde las células que pudieron ser fecundadas se dividen. La gran esperanza era que 4 embriones maduros estuvieran listos pero esto solo era una mera suposición pues había sido la última cifra recibida por nuestra doctora.

Faltaban horas en las que de forma precisa habían de llevarse a cabo las instrucciones necesarias para llegar a quirófano.

Durante el día parecía que todo había quedado organizado y ordenado para hacer lo necesario si recibíamos la buena noticia. Posterior a la transferencia el reposo obligatorio en el que había de estar me ponía en cama a excepción del momento de ir al baño. Mi modo control freak se activaba más que nunca pues sentía que todo requería la logística simulada de desaparición del ama de casa por tres días aun cuando estuviera en el piso superior recostada tratando de estar lo más en paz posible.

Aparentemente ese jueves 19 podía tener una rutina como yo la quisiera vivir, por lo que decidí estar lo más activa y preparada emocionalmente posible, sin embargo, jamás pensé que todo ese "regular manejo emocional positivo " que había experimentado durante los útlimos días estuviera volteado patas arriba en segundos ante cualquier evento que disparara mi verdadera irritabilidad.

Jueves 19 de agosto, 2021

Ver la vida

5:45 am. suena el despertador como cualquier otro día de la semana para prepararnos con el ritmo habitual. Salir a caminar 6:05 con mi esposo y la pequeña. Nos hemos acostumbrado a movernos en ese horario para estar listos con desayuno y parte de la organización de la comida alrededor de las 8:00 am, lo que facilita en gran medida el desarrollo de las tareas diarias.

Por una parte quería conservar lo más estable y similar el ritmo acostumbrado, aparentemente me daba una sensación de equilibrio y calma que había agradecido los días anteriores. De manera muy honesta mantenía la fe con respecto a la transferencia, sin embargo, inconcientemente me había bloqueado el permiso de generarme cualquier expectativa que surgiera a partir del procedimiento; ahora que lo pienso me parece un poco tonto que así hubiera sucedido pero supongo que es el mismo mecanismo de defensa ante el que te sitúas cuando hay tanta vulnerabilidad interna y externa, un paso gigante vivido en solitario.

Me sentí muy bien durante el tiempo que salimos a caminar, ya que sin extender mayor explicación mi esposo y yo habíamos distribuido tareas o previsiones que permitieran al hogar seguir adelante sin mi presencia activa durante los días posteriores.

Desayunamos y ojo, aquí confieso que cometí un error gigante de novata, digo, no había recibido tips a tomar en consideración con respecto a los alimentos o a cómo podría sentirme en el procedimiento, literalmente fui a ciegas solo sabiendo que dos horas antes del mismo había de tomar un Facicam para el dolor y una hora después iniciar con la ingesta de agua (aproximadamente un litro).

Los días previos habíamos tomado alimentos similares en el desayuno así que ese día decidí hacer unos deliciosos frijoles guisados, ¿por qué no?, pues ¿en qué cabeza cabe que antes de cualquier procedimiento médico tomes un litro de agua pues seguramente habrá un ultrasonido pero además comido esos suculentos frijoles? Tip no pedido pero aquí dado: Jamás lo hagas, no combines una vejiga llena con un estomago turbulento por los frijoles y los nervios que de paso sí o sí aparecerán.

Pues sí, mi juicio fue pobre y no contenta con ello también tomé un licuado con proteína que está en mi dieta regular a excepción de los medicamentos.

Otra acción que supusimos sería un alivio era pedir el super en línea para que lo trajeran a domicilio, lo cual por cierto ha sido toda una bendición desde la llegada de la pandemia, mi mundo se aligera con esta nueva manera de tener productos en casa. Lo hicimos más no obtuvimos el resultado en el tiempo esperado así que el sábado finalmente será nuestro día de nuevos víveres.

Y bueno, todo iba perfecto hasta que… decidimos hacer un pedido de otra tienda de autoservicio de productos de mayoreo. Suelo estar atenta a muchos detalles del hogar pero mi marido y yo dividimos tareas, una de estas es la del pedido en esta cadena de autoservicio.

La verdad, es que últimamente he notado bastantes dificultades de memoria y muchos momentos de confusión, no quisiera atribuírlo a los medicamentos pero vivo con neblina mental y me es complejo el tener claridad sobre cosas que pueden ser muy sencillas de decidir o recordar, a las que estoy acostumbrada. Creo que más allá del tratamiento es todo el estrés por el que he atravesado. Puedo razonarlo pero me hace sentir pésimo la imposibilidad de sentir que estoy en el presente y no en un mundo alterno.

Así es como fue que tratar de recordar de qué tienda es que solemos comprar las nueces y las almendras se transformó en una explosión, algo parecido a la sensación de batir fuertemente una botella de sidra para quitarle el tapón.

Le hice una pregunta y de él no obtuve la respuesta directa de un sí o un no, más por el contrario, una insistencia en hacerme reflexionar, recordar cuál podría ser la solución y ese pequeño detalle me sobrepasó, levanté la voz, asoté la puerta del refrigerador, me solté a llorar y me frustré tremendamente por no poder recordar con exactitud de dónde provenían las almendras, por sentir que estaba perdiendo el control.

Podría parecer un evento sin total importancia, pero hoy fue un día tan pero tan especial que estoy segura que lo seguiré recordando a través del tiempo. Sé que la memoria lógica puede no regresarme a la mañana de hoy, pero la emoción vivida se impregnó en mi.

Necesitaba respirar tranquila, buscar silencio y calma, bajar la sensación de ofuscamiento así que decidí salir caminando a la farmacia por un medicamento faltante. Ya eran las ocho de la mañana y aún no habíamos recibido noticia alguna de nuestra doctora, el silencio mudo de la falta de información me provocaba que la cabeza girara y girara con un montón de pensamientos sobre lo sucedido unos minutos atrás y otros tantos que no tenían sentido pero me agobiaban.

Compré el medicamento, una bebida con electrolitos y unas gelatinas. Últimamente había llevado algo similar a los procedimientos y me habían caido bien.

El camino de regreso me permitió sentirme un poco más tranquila, sin embargo, era evidente que estaba emocionalmente lejos de mi esposo, irónicamente el día donde necesitábamos estar más unidos que nunca yo no sabía cómo continuar la conversación, qué hacer, qué pedir, cómo compartirle lo que le pasaba a mi corazón que se sentía como un torbellino que me arrastraba.

A las 9:15 am. por fin llegó el mensaje más esperado, vi de reojo el celular y me recorrió un escalofrío, temblé un poco cuando el nombre del hada apareció en la pantalla. Respiré profundo y lo abrí.

"Hola hermosa, buenos días"
Acabamos de recibir el diagnóstico de la biopsia de los embriones y estamos tranquilos pues ¡tenemos 2 sanos para transferirte! ¡Felicidades!

Hoy entran ambos a quirófano con nosotros por lo que las indicaciones de baño y no perfume ni desodorante aplican para los dos.

10:30 am. te tomas facicam
11:30 am. 750 ml de agua o té
12:00 pm. llegada a clínica.
12:30 pm. transferencia

Si tienes alguna duda, avísame!

Sentí que un relámpago me sacudió, fue tal la noticia que a pesar de que ya pasaron las horas aún me tiene un poco aturdida. Durante años enteros había creído que solo había una sola forma de embarazarme y ahora parecía que estaba una película surreal, la más grande de las bendiciones y no sabía qué hacer con ella.

Me acerqué al baño pues mi esposo ya se estaba alistando aun cuando no habíamos recibido la notificación de nuestra doctora y le dije mientras se bañaba con el tono más casual que pude: "Amor, tenemos dos embriones sanos, sí podemos hacer la transferencia" le repetí las indicaciones recibidas así que le pedí que no se pusiera desodorante, crema ni nada en el cabello, yo no entendía por qué esto era así pero habíamos de seguirlas al pie de la letra.

Él había recibido esta advertencia el día de la punción mientras yo estaba aún en recuperación así que tenía más claro que yo lo que debía de hacer. Y así, dentro de la regadera, me pregunta con muchísima frescura, ¿puedes preguntarle cuál es el sexo de los embriones?

Escuché la pregunta y de forma inmediata me congelé por completo en ese mismo instante, todo pasaba en mi cabeza al mismo tiempo. Nos encontrábamos a unas horas de estar lo más cercanos posible a la idea de ser papás, pero yo, de ser mamá. Nunca pensé en mi reacción ante una pregunta así, le contesté que no quería saberlo, le pedí que al terminar de arreglarse le mandara mensaje y solo él lo supiera.

En un instante el miedo me llevó a imaginar que si sabía el sexo más el conocimiento de que eran dos entonces sí o sí tendría una expectativa, o peor aún, ya estaba viviendo la realidad que por ninguna razón quería que se esfumara. Aquí otra evidencia más de mi novatez; tremenda ilusa que fui al creer que aquí viviría mi cuento de hadas del embarazo por via natural.

Salí del baño corriendo y le envié mensaje al hada diciéndole que con seguridad mi esposo la contactaría para preguntarle sobre el sexo de los embriones y que parecía una locura pero yo no lo quería saber, pues creía que no podía con tanta información.

Lo más probable es que escribí un mensaje ambiguo o simplemente en la realidad en la que ya vivíamos, todo lo que empieza a partir de la anunciación es que se convierte en tangible, en ideas futuras, expectativas, esperanzas y planes.

Mientras yo escribía, esposo también. Una carrera de velocidad de mensajes sin sentido. Creo que la confundimos pues en unos minutos más ya tenía una respuesta a mi mensaje, por supuesto era la que "según yo no quería" pero en ese preciso instante, después de leer que eran dos varoncitos, no pude evitar ver en mi mente las caritas de mis pequeños sobrinos. Fue incontrolable, me sacudió el amor de pies a cabeza, fue un regalo divino.

Él se vistió y yo seguía dando vueltas en el cuarto, como habitualmente lo hago cuando estoy desesperada. A pocas horas de haber pasado por todo esto, no soy capaz de recordar bien lo que hice pero hubo un momento en el que me paré frente a él y le dije que necesitaba que habláramos, que quería decirle lo que estaba sucediendo.

Le compartí que me había sentido muy mal con la discusión de la cocina, que necesitaba que entendiera que si antes se me olvidaban las cosas, ahora sucedía más y el tener una respuesta rápida me ayudaba mucho. Él me platicó sus razones, por las que lo hacía y finalmente también me prometió que iba a poner más atención en su forma de responder, de ayudar, y que no me preocupara, que todo iba a estar bien con eso.

En cuanto terminamos de hablar sobre ese asunto le dije que no había querido saber sobre el sexo de los embriones porque eso me hacía sentir que todo era muy real, que antes había evitado ponerlo en mi corazón pues lo deseaba demasiado, era el sueño más grande de mi vida y no quería que por ninguna razón no sucediera.

Estábamos parados de frente tomados de las manos mientras me veía a la cara, sentía que sudaba frío y me palpitaba el corazón con un ritmo tan alto que me sentía aturdida. Me ayudó a que nos sentáramos en la cama donde seguímos conversando.

Me dijo que él tampoco sabía que yo no quería saberlo, no hubo una conversación específica sobre ello pero desde su perspectiva había quedado claro para los dos en alguna de nuestras citas previas con el hada que cuando hay una biopsia de forma automática es que puede conocerse esta información.

En ese instante nos dimos cuenta que habían pasado días enteros en los que no platicábamos de lo que nos estaba pasando más allá de cómo me sentía con los medicamentos, irónicamente ese tiempo lo vivimos separados mientras caminábamos sobre la misma vereda pero sin hacerlo de la mano, comunicándonos y sintiéndonos, de repente que un abismo nos separaba.

Al verme llorar desconsoladamente de forma seria, salió de su boca la pregunta fuerte y directa -¿quieres seguir con esto?, pues para mí lo más importante es que tú estés bien, yo lo estaré independientemente de si existe un bebé o no. Una vez más me lo repetía, -solo llegaremos hasta donde tú quieras-.

Le dije que lo extrañaba mucho, que lo necesitaba comigo y que quería contarle lo que pasaba en mi corazón cada día, de una forma muy extraña cada jornada la había experimentado de manera distinta. -Tú sabes que a mí me cuesta mucho expresar todo lo que siento, lo pienso y me lo quedo, a veces me pierdo en ese mar infinito de ideas y sé que solo he comentado los detalles que me son más fáciles de explicar, los que no requieren que me meta a lo profundo, solo a lo práctico. Siento que es demasiado lo que cambia con una velocidad extraordinaria que no me deja digerir lo que está pasandome-

Hoy fue evidente que eso me hizo irme hacia donde él no podía alcanzarme y mucho menos sostenerme.

Gracias a Dios, el llanto, los abrazos y la comprensión me dieron calma y una perspectiva con 180 grados de diferencia; me sentía ligera, contenta y con esperanza. Al recobrar la paz me percaté de que ya era momento de apresurarme para estar lista y salir en unos minutos más.

Calculé que tenía tiempo para hacer algunos ejercicios de mi protocolo de relajación y rezar en el cuarto, en mi lugar seguro. Al salir de nuestra casa sería una persona probablemente muy distinta a la que regresaría aunque nadie me lo hubiera dicho antes, mi corazón lo sabía.

Salimos en UBER pues nuestro auto había estado en el taller los últimos días, asunto que nos inyectó un poco de presión pues el auto tardó en atender el servicio.

De acuerdo con las indicaciones recibidas, ya estaba en tiempo para comenzar con los líquidos que ojo, me habían pedido que fueran agua o te, pero como lo he dicho, mi mente es de principiante, así que la bebida rehidratante sabor uva resultó estar mucho más dulce de lo esperado lo que me provocó acidez y nauseas.

Un error garrafal el haber ingerido esto, ya no podía hacer demasiado ante el hecho pues justamente mi vejiga había de estar llena, así que decidí poner la mejor de mis actitudes y continuar.

Al llegar a la clínica esperamos unos minutos a la llegada del equipo médico mientras seguía tomando otros dos vasos con agua, las ganas de orinar no aparecían. Me senté en el sillón de piel color café y revisé los formatos que habían de firmarse.

Es importante que ante cualquier procedimiento tanto las instituciones como los médicos proporcionen un consentimiento informado que incluya la descripción de los procedimientos, los posibles riesgos asociados así como situaciones ético-morales que no habían pasado por nuestra cabeza y mucho menos en una conversación como pareja, por ejemplo ¿Qué pasaría con mis embriones si están congelados y yo muero, o no me los pueden transferir, o decidimos separarnos? Ese conjunto de hojas llenas de palabras nos hacían ser conscientes de que podíamos decidir sobre la vida que estaría prácticamente en nuestras manos.

Tanto los riesgos como estas situaciones descritas a alguien más ya le sucedieron, por lo cual es importante tenerlos en papel. Yo los leí, decidí respirar profundo y enconmendarme para que las cosas en nuestro caso salieran como lo esperábamos.

Pasaron los minutos y nos llamaron para cambiarnos por la ropa quirúrgica, una vez más estábamos disfrazados de color azul con trajes de textura de papel que disfrazaban nuestra figura real. Nos cubrimos la cabeza, él con un gorro estilo médico, yo con una especie de cofia negra. Comencé a temblar al verme completamente vestida así, como por arte de magia mi mente se llenó de cuestionamientos, así es ella, inquieta y brincolina cuando se desenfoca pero cerrar los ojos y respirar profundó bastó para encontrar más ilusiones y esperanzas por el porvenir.

Nos reconocimos los dos, en una etapa y situación única. Antes de entrar nos abrazamos y rezamos juntos, nos repetimos que todo estaría bien, pasara lo que pasara estaríamos bien y sería lo mejor.

Entramos al quirófano en el que ya todos me conocen, me subí a la camilla con esta sensación de incomodidad para cubrir con la bata lo que puedes mientras te acomodas, en eso entró nuestra doctora maravillosa con una carpeta que contenía los diagnósticos hechos por el patólogo. Páginas y páginas de información que al final resumían que dos embrioncitos varones eran los que nos habían elegido como papás para esta aventura.

El día de hoy el equipo médico se había expandido, así que también contábamos con otro médico experto y dos enfermeras. Una de ellas muy delicadamente me canalizó mientras el doctor terminaba de organizar los instrumentos y demás recursos necesarios. Solo estiré el brazo izquierdo y comencé a bromear sobre lo que se me ocurría, mi forma habitual de fluir ante el dolor que vendrá con la aguja buscando mi vena.

Las palabras más amorosas que escuché en ese instante calmaron mi ansiedad e iluminaron mis ojos pues el hada los nombró "sus bebés", la magia había iniciado, aún no estaban dentro de mi y nosotros ya éramos papás. Mi garganta se cerró, ya no podía contener la emoción.

Generalmente esperas ver la primer foto de tu hijo en un eco, por lo menos en forma de saco dentro de tu matriz, nosotros tuvimos esa primera impresión de las células que se reproducían y con esa naturalidad nos estaban cambiando la existencia.

Supimos que los estudios habían encontrado 2 embrioncitos con rasgos genéticos que los hacían inviables para ser transferidos... para ser sincera no sé si es que simplemente le bajé la cortina al corazón y seguí centrándome en la bendición que ya tenía, pero creo que en mi alma permanecerá por siempre el agradecimiento a su existencia.

Llegó el momento de acomodarme en la mesa con los estribos, recorrerme hasta el límite cercano a ellos y colocar ese artefacto de tortura llamado espejo que se acompaña del sonido que hace recordar que entra un instrumento que gira, abre y truena.

No importan los años a los que hayas estado expuesta a la continua revisión para hacer un papanicolau, sigue siendo una práctica que tensa los músculos, te corta la respiración y centra toda tu atención en ese punto.

Comenzaron a prepararme y de manera casi inmediata sentí las molestias de la limpieza en la zona vaginal. Había que remover cualquier rastro de medicamento administrado en casa así como residuos de orina o cualquier otra partícula que pudiera contaminar el área. Aún con los cuidados necesarios por parte del doctor, la sensación es indescriptible, nada placentera pero gracias a Dios solo dura unos pocos minutos.

La experiencia completa era totalmente distinta a cualquier otra entrada a quirófano, ahora había otros elementos que me rodeaban y me dejaban estar mejor, mi esposo sentado detrás tocando mi cabeza para ayudarme a liberar la tensión, nuestra hada explicando lo que sucedería en un instante y en el otro costado, en la pantalla una imagen de nuestros dos bebés que en unos minutos más habrían de transferir.

La magia y los milagros se reunieron y tuvieron forma, qué sensación tan más sublime el sentir y saber saber que ahí estaban dos células nombradas bebés y que eran nuestros, listos para ser llevados a donde podrían estar mejor que nunca, en donde los habíamos deseado tanto.

Las luces se bajaron de intensidad, estábamos prácticamente en la penumbra con dos iluminaciones laterales. Una que mostraba una ventana que daba al laboratorio en donde la bióloga estaba terminando de preparar a nuestros pequeños para ser transferidos y otra lamparita que le permitiría al doctor llevar a cabo el procedimiento. La pantalla en la pared y el ecosonograma emanaban su propia luz.

La imagen de la pantalla cambió cuando el eco mostraba mi útero, que gracias a la vejiga llena de líquido (el incorrecto pero líquido) podía ubicar específicamente el lugar en el que los bebés habrían de colocarse a través de la fina sonda en la que los había colocado la bióloga. Qué locura, la vida en una cánula.

Me estremecía cada vez que escuchaba al hada decir "aquí están tus bebés", ¡yo los estaba viendo ahí en la pantalla, estaban vivos! Enfoqué mi atención y energía en la tremenda alegría que estaba experimentando mi corazón a cada segundo. Sentía una gratitud embriagante por ese instante, por ese recuerdo que me acompañará para toda la existencia. Era tan afortunada de poder ver la vida llegar a mí. Todos los esfuerzos habían valido la pena.

Podía verse la fina manguera deslizándose hasta el extremo superior del útero, requería llegar ahí para facilitar a los bebés que pudieran pegarse en el endometrio. Parecería una tarea sencilla sin embargo a partir de aquí y de dejarlos en su hogar es en donde Dios y la naturaleza tienen la última palabra, en donde ocurre el milagro total.

Ya habiéndola colocado correctamente traerían a los pequeños en el líquido que los transportaba y que dejaría una pequeña señal luminosa gracias al tipo de solución utilizada. Son tan pero tan diminutos que esa luz radiante permite asegurar que se quedaron en el lugar adecuado.

Mi ser vibraba de alegría y mi cara reflejaba una sonrisa de oreja a oreja, pero necesitaba estar lo más quieta posible, mover mi interior gracias a las carcajadas podía poner en riesgo todo, definitivamente la feliciad era absoluta.

Por último se le pidió a la bióloga que revisara con microscopio que la totalidad que había en la sonda hubiera salido, de no ser así, habría de repetirse rápidamente el procedimiento y con extremo cuidado.

Ella asintió, el proceso había salido muy bien, así que en unos pocos segundos ya estaban retirando tanto el espejo como lo que estaba alrededor. Ahora el cuidado necesitaba ser consciente, tenía que quedarme lo más tranquila posible, sin embargo me sentía interiormente contrariada, mi vejiga estaba tan llena que creía que no podía aguantar el contenerla más y mi intestino tenía una sensación burbujeante con la cual no sabía cómo lidiar.

Las pacientes al no poder pararse de inmediato cuentan con una ayuda adicional para aliviar la sensación, el doctor utilizó un pequeño instrumento para liberar el líquido, lo cual fue bastante molesto pero definitivamente ayuda a no sentir esa urgencia que me estaba llenando de desesperación.

Antes de salir de quirófano nos explicaron nuevamente cómo es que se habían seleccionado los embriones para la transferencia, definitivamente se encontraron señales inequívocas de la naturaleza para que estos dos pequeños siguieran el curso de la llegada a su lugar final.

Me ayudaron a moverme hacia otra camilla en la que nos tendrían durante aproximadamente una hora mientras me recuperaba y nos daban las instrucciones post procedimiento. Nos moveríamos a un cuarto contiguo en donde podíamos platicar, esperar, ilusionarnos. El cristal a manera de puerta me dejaba ver el consultorio frente a mi que tenía unos gabinetes. En las puertas superiores había fotos, muchas fotos de caritas de bebés, de los que habían llegado a la vida terrenal después de procedimientos similares a los nuestros. Pensé que me encantaría tener las de los nuestros también.

Pasó el tiempo necesario y nos compartieron una lista bastante amplia de medicamentos distintos a los que me estaba administrando después de la punción, me esforcé para enfocarme y estar atenta. Mi emoción era demasiada, hice lo mejor que pude y luego lo volví a repasar con mi esposo, de esa manera podíamos preguntar cualquier duda antes de retirarnos.

Se venía un reto importante, el estar en reposo absoluto por 3 días, prácticamente 4. El objetivo de esta indicación es propiciar la situación más idonea para que tanto la mamá como los bebés se encuentren en tranquilidad, paz y estos se adhieran a la pared del utero para crecer y seguir el desarrollo esperado. En los días anteriores ya había hablado con una de mis amigas/socias que me estaba acompañando emocionalmente durante este proceso pues también había sido mamá por el mismo medio.

Creo que lo que planeamos será suficiente y que puedo soportar los días en cama sin mayor dificultad pues sí tengo permitido levantarme al baño. Solo gira en mi mente una preocupación que me agobiaba y es que generalmente con mi fibromialgia el estar en la misma posición por mucho tiempo aún cuando es en cama (de hecho, sobre todo recostada) me ha llevado a sentir mucho dolor y eso quisiera evitarlo aunque por supuesto que estoy dispuesta a correr el riesgo siguiendo todas las instrucciones lo más al pie de la letra posible.

Por fin el día termina, siento que mi corazón quiere gritar con cada latido, parece que vivimos una película de ciencia ficción en carne propia, aún me parece increíble lo que experimentamos, sin embargo, me siento agotada y es importante que duerma. He notado que comencé a poner mi atención con un enfoque muy particular por cualquier sensación desconocida que apareciera. Quiero estar atenta pero no paranoica así que me haré más amiga de la paciencia y la calma, así como de bajarle a mi modo control freak y permitir que mi familia colabore, que me atienda. Hoy decido sentirme plena con esta ilusión que ya es una realidad.

04 de junio 2024

EN MI FUTURO DEL HOY

Tengo mucho calor, estoy sentada frente al monitor en un ejercicio que decidimos hacer en la última sesión de acompañamiento a mujeres del círculo de duelo por fertilidad. Me sudan las manos, no con ese sudor frío y pegajoso del nerviosismo sino de la alta temperatura que se desprende al teclear, es pleno mes de junio del 2024 y el ambiente no muestra ninguna señal de que Tlaloc nos traerá su bendición del agua refrescante en esta ciudad.

No hay sonidos ensordecedores de las chicharras que llaman a las nubes al unísono para que se descarguen, ni el olor fuerte y único a tierra mojada que se desprende en esta zona del estado. Lo único que suena es el ventilador que oscila proporcionando pequeñas bocanadas de frescura. Sin duda, ha sido el año más caliente en la historia de este país, quizás también del planeta.

El ejercicio que se preparó para el grupo decidí también llevarlo a cabo. Después de minutos en donde hicimos un ejercicio de autoconciencia a través de la respiración y una pequeña visualización guiada solicitamos a las participantes preparar una carta a su "Yo del futuro". Necesito conectarme con quien dentro de algunos años volteará y como dice Murakami, me mostrará una versión de mí que es distinta a la que vivía antes de haber pasado por la tormenta, sin saber cómo, la metamorfosis sucederá.

Mi Karen del futuro probablemente es de uno muy próximo, quisiera que fuera casi inmediato porque siento que todo corre tan rápido que de pronto las versiones de uno mismo son como si se contrapusieran, se traslaparan y no lograras diferenciar cuál es el holograma que tiene más vida.

Pero no me adelantaré a lo que aún no sucede, ni siquiera en el pensamiento porque la experiencia del pasado me ha mostrado cómo es que solo lo que va sucediendo en el instante vivido a plenitud es que tiene sentido.

Decidí escribir y lo digo así, como una acción conjugada en el tiempo del verbo pasado que me regaló la magia de sentir que ilusoriamente puedo conjugar los tiempos. En centésimas de segundo recordar vívidamente el suceso y la emoción anterior, de inmediato encontrarme con mi respiración y la sensación de lo que mi cuerpo experimenta en el presente y con fugaz velocidad transportarme a un futuro complejo, fuera de mi control y que puede manejarme a su antojo. Así es la mente y la hermosa realidad de la relatividad del tiempo.

¿Y por qué ahora esta reflexión? Porque he caído en conciencia a partir de tu presencia en mi vida, mi hermosa María que tu ser me ha transformado más allá de la lógica y la razón de la cronicidad que cuentan los artefactos con los que jugamos a saber en qué conjugación del tiempo vivimos.

No logro verte encarnada en un cuerpo que puedo palpar, oler, apretujar contra mi pecho para sentir que palpitamos juntas, pero no hay duda de que estás aquí conmigo. En cualquier forma de tiempo, el milagro de tu existencia me mostró esa realidad en la que vivo.

Si me conecto con lo más profundo y auténtico de mi ser, sé que he recorrido el laberinto que me ha llevado a encontrar la verdadera experiencia de la fe, de mi fe; no de la ilusión de lo mágico que cumple los deseos anhelados, que es caprichosa y parecería que solo se manifiesta a los consentidos, la que creo que por muy buena parte de mi vida confundí de significado.

Sino que te hablo de aquello que se experimenta cuando vives con una fuerza que va más allá de ti, que de manera tintineante pero constante sostiene tu existencia en los dolores más profundos, esa experiencia que es ilógica para la razón pero que brinda la energía y la luz para continuar con lo que la vida te tiene deparado, dándote la oportunidad en el futuro de reconocer que un poder mucho más grande que tú, te tomó de la mano y te acompañó en cada paso del andar. Te permitió llegar hasta la orilla del otro lado.

De pronto me descubro hablando contigo en mi pensamiento, sabiendo que estás, aunque irónicamente no estás y ¿sabes qué es lo más maravilloso con lo que me he topado a partir de reconocer esa forma tuya de vivir en mí? Que en esta inverosimilidad que sucede en otro plano que no es el terrenal, tu forma de existir no tiene cronicidad.

Te convertiste en una especie de conciencia porque puedo hablarte sabiendo que lo entiendes todo, no me preocupo por si mi lenguaje sería el adecuado para alguien de tu edad... ¿cuál es tu edad? Pero si fuera así, con una lógica lineal, entonces quiero creer que tu alma es vieja y por esta razón es que mi conversación contigo es franca, sin tapujos, honesta y sin juicios, es de amor total.

Y vuelvo a brincar sin entender esta forma que tiene el pensamiento donde por un instante eres mi conciencia y en otro me topo con la nostalgia que se lleva mi respiración al anhelar todo aquello que no será.

Quisiera ser aquella mamá que se equivoca sin querer mientras acompaña tu paso por la escuela, los deportes o las artes que hubieras querido probar. Me confieso sí con esas ganas tremendas de haberte llevado al ballet, al futbol, al patinaje, la gimnasia y ser la mamá más orgullosa de verte ahí, haciendo uso del maravilloso cuerpo que te brindó la vida, de escuchar tu risa haciendo retumbar los espacios en los que hubieras sido feliz, los momentos de llanto incontrolables donde yo hubiera querido tener las mejores estrategias mágicas para hacerlo desaparecer, o esas lágrimas que corren tímidamente bañadas de orgullo y las manos aplaudiendo con todas sus fuerzas al verte construir los logros de tu vida.

Me confieso llorando en los rincones cuando estos anhelos llegan sin avisar, cuando yo sola requiero parar, respirar y volver a retomar el camino. Cuando debo auto convencerme de que esta realidad en la que vivo es la mejor que podría tener simplemente porque es en la que vivo en el presente, pero cómo duele.... cómo arde el pecho y ronronea de tristeza cuando mi ser sabe que no estás aquí, cuando según las fechas de los cálculos médicos estarías por cumplir 2 años en mis brazos.

Y en el hoy, escribiendo en tiempo gerundio, de múltiples formas te manifiestas y me llenas de deseos que me permiten hacer el ejercicio solicitado en el círculo y donde quiero que mi Karen del futuro sepa decir "NO", sobre todo que se permita vivir portando solo lo que el alma guarda, reconociendo los pensamientos y las situaciones que tienen un camino directo a la culpa y no queriendo recorrerlo más.

Sé que mi yo del futuro volteará como lo he hecho en tantas ocasiones y no tendrá la menor idea de cómo resolvió todo lo que hubo que hacer, pero se sentirá muy orgullosa de que lo haya logrado, solo que, en esta versión, habrá más amor y compasión por aquello que decidí y que no funcionó o no trajo lo esperado.

¿Sabes? En esta nueva forma de vivir en donde cada vez me convenzo más de que todo es un milagro, me encuentro con los regalos que los huracanes y los tsunamis han traído porque así se experimentan los jaloneos donde los días están tan densos que la respiración es pesada, el cuerpo pierde la energía y hasta siento que mengua la esperanza.

Pero solo es cuestión de observar, no solo con otros lentes sino con la respiración, los sentidos, con la conciencia y dejarme una vez más embelesar con las mariposas que comenzaron a aparecer continuamente a mi alrededor, las canciones que me llenan el alma, los sonidos que calman mi espíritu mientras camino por debajo de los arcos creados por los árboles de grueso tallo y frondosas copas que me abrazan con su majestuosidad y brindan cobijo a los pájaros que cantan sin parar.

O la conversación de minutos con quien adopté como mi acompañante espiritual desde hace años y que con todos sus sentidos escuchó el clamor de mi corazón al expresarle la experiencia de tenerte, perderte y volver a tenerte en tu forma en esta realidad.

Fue entonces, en esa charla a las 8:30 de la mañana del mes de mayo del 2024 que por fin mi alma encontró un consuelo real. Desde lo sucedido contigo sentía que algo muy profundo de mi ser se había desconectado y no importaba lo que hiciera, la sensación permanecía punzante, ensordecedora.

Rezaba, meditaba, cantaba, iba a misa, hacía todo lo que sabía que "debía de hacer" y aun así, mi espíritu seguía "entumecido." Ahora entiendo que era más un "retar" a aquello que yo había entendido que era la fe, porque sí, la razón de forma constante me decía que "según el gran plan de Dios" mi presente y lo sucedido simplemente "debían suceder tal cual fue" y yo en mi pequeñez no alcanzaba a entender cómo es que este gran plan podía ser el mejor que podría tener si dolió y duele tanto. ¿Cómo y por qué querría ese plan Dios para mí?

Lo sé, esta pregunta es la que probablemente el 100% de aquellos que creemos en un Dios nos hacemos en cada ocasión que se nos desquebraja el alma.

Mi conexión espiritual se había debilitado de una forma tal que mis acciones para mantener la fe simplemente eran rutina, una repetición sin sentido, pero, sobre todo, los hacía con la firme convicción de que todo aquello maravilloso que le había sucedido a otros que sí tenían fe, no como yo, hacía comprobar a mi hipótesis de no ser digna de recibir tal beneficio.

Mi forma emocional de hacer las sumas y restas de las acciones que había decidido y llevado a cabo en mi vida no me permitía pensar más allá del resultado reduccionista que además tendría que ser apoteótico para mí. ¿Qué había hecho para merecerlo? ¿Por qué sería así? Como lo dije en las primeras páginas de este documento, parecía que durante las etapas anteriores de mi vida me había dedicado a seguir las reglas de las buenas costumbres que prometían una vida feliz.

Así que entre el paradigma "del gran plan" y "seguir las reglas de este contexto histórico en el que vivo" y habiendo obtenido resultados diametralmente opuestos a los prometidos, mi emoción más profunda era la de la ira reprimida pues, por si fuera poco, no está permitido estar profundamente encabronada con Dios… uff… mientras más lo pienso y más lo digo, es como si fuera soltando de a poco el aire que tiene a un globo a segundos de explotar.

¿Y cuál fue el milagro aquí entonces? Si con esta confesión casi podría estar condenada al infierno. Pues bueno, yo lo veo así: esa persona que me escuchaba mientras mi voz se entrecortaba con cada sonido que salía de mi garganta y el correr de las lágrimas no paraba, escuché palabras que le dieron forma a los pensamientos que no habían podido reorganizarse funcionalmente y me ayudaron a reconocer que esa desconexión era el no haberme permitido sentir profunda y libremente el real sentimiento que experimentaba. Querer invalidar mi propia realidad solo me alejaba cada vez más de la relación que anteriormente había sido de conexión total en otros momentos de mi vida.

Fue cardinal el permitir decirme a mí misma que ese "gran plan" no es una imposición, sino que la vida es más un construir en conjunto aquello que tanto anhela mi corazón, donde Dios siempre me ha acompañado en cada decisión, permitiendo mi libre albedrío, pero sobre todo donde la esencia de la fragilidad de la vida es una constante y, por tanto, morir es la prueba más real y amorosa de haber existido el milagro de la vida.

En mi versión Karen 3.0 María, la constante eres tú.

Así estamos, con la mano en la pluma puesta en la experiencia.

PARTE VI

BETA ESPERA

Esperar… ya había pasado tanto tiempo que se mostraba irreconocible en mi emoción, en las sensaciones, en la maraña de pensamientos que van y vienen sin cesar transformados en un loop intermitente pero sórdido que solo se contiene cuando soy consciente de lo que me sitúa en el presente.

Son 17 días y como probablemente la gran mayoría en mi lugar lo ha hecho, he leído en distintos sitios de interés que la respuesta a mi clamor podría llegar a partir de los 14. A veces me siento confundida, me encuentro haciendo lo que describen los artículos sobre lo que les sucede a las mujeres en estos periodos y entonces estoy como un sabueso ubicando cualquier posible señal de mi cuerpo para arroparla con todas mis fuerzas y eso me compruebe el añorado "positivo" más por esperanza que por las cifras hormonales que no dan pie a equívocos.

También he escuchado historias, aquellas de quienes se han cuidado tanto para aumentar las probabilidades que parecería que te conviertes en una pieza de cristal que puede romperse ante cualquier mínimo descuido, otras que te dicen lo contrario, que mientras más desparpajo y soltura más posibilidades de obtener lo que deseas.

Yo decidí apegarme a los 3 días de cama obligatoria en los que me preguntaba si podía aguantar un poquito más en cada ocasión en que necesitaba ir al baño, pues de forma insensata pero real experimentaba ese miedo profundo a provocar perderlos con cada esfuerzo que me llevaba a salir de la momificación del reposo.

Mis previsiones para estos días incluían libros, series, conciencia de descanso, antojos que creí me vendrían bien y paciencia para estar en prácticamente la misma posición durante mínimo 72 horas. Es cierto que a veces deseo tener un poquito más de sueño y descanso en mis días, pero estar todos y cada uno de esos minutos con un vaivén entre miedo-ilusión-sorpresa, desesperación, amor y estrés además de cansancio por la cama, se convierten en un reto.

Como todo lo impermanente de esta vida, el tiempo requerido avanzó, los primeros análisis de sangre para corroborar que los índices esperados se presentaran los llevé a cabo, el plan lo llevaba en orden así que la esperanza estaba más viva que nunca después de cinco días de haberlos conocido en el quirófano.

De una u otra manera los días regresaron prácticamente a la normalidad, mi cuerpo no presentaba ninguna reacción especial por más que me autoexplorara físicamente, parecía que nada cambiaba, aunque en mi interior la transformación ya era inminente.

Seguía con mi proyecto personal y profesional de querer registrar todo, así que organicé mis tablas con nombres y dosis de medicamentos, indicaciones especiales, videos y fotos que mostraban las inyecciones, los protocolos que me cree para manejar el estrés de esos días, los escritos a manera de diarios sobre la experiencia… mi cuñada, mi amiga y yo continuamos haciendo averiguaciones sobre los procesos de acompañamiento psicológico existentes, llevamos a cabo reuniones con un equipo de innovación para organizar la idea de la empresa que ya vivía en nuestra cabeza y entrevistamos a otras mujeres, hombres y parejas que habían pasado o estaban pasando situaciones similares.

La hipótesis era evidente, había necesidades no cubiertas de educación, acompañamiento y contención para el recorrido que puede convertirse en interminable cuando todos los esfuerzos no llegan al fin deseado.

Mi corazón se construyó y destruyó en varias ocasiones después de escuchar los relatos, los ecos de dolor, esperanza, desilusión, alegría… un baile continuo y fluente que cada quien iba llevando a su propio ritmo. A veces notándose empujado por lo que personalmente se decidía y otras tantas por la presión social de formar una familia que muestre bebés saliendo del vientre de las madres.

Qué ironía, construir la ilusión de una familia en estas condiciones parecía la crónica de una muerte anunciada para la pareja, las finanzas, los sueños y el cuerpo de quienes decidían ir por este camino.

El amor desbordante que había experimentado días antes al conocer a mis bebés de repente sentía que se tambaleaba, que las entrevistas, las emociones transmitidas por las palabras de las mujeres que también habían apostado y no ganado la lotería de la vida en la primera, segunda, tercera, cuarta, quinta, sexta y más ocasiones en que los tratamientos no surtían efecto me descolocaba.

¿Cómo contener el corazón tan roto de quien ha suspirado y exhalado tanta dicha y dolor en estas proporciones?, ¿cómo mantener mi propia esperanza ante los escenarios que por estadística no me favorecían?, ¿cómo seguir conteniendo la necesidad inmensa de nombrarles mis niños?

Y eso fue… entonces sin que nadie más que los latidos de mi corazón y yo, decidí nombrarles, hacerlos reales más allá de los miedos que me acosaban constantemente, que la posible desilusión de la que quería huir. Nombrarlos en silencio, otorgarles una identidad, permitir que nuestras almas se encontraran por una eternidad.

COMPÁS DE TIEMPO

¿Te has percatado cómo las plantas cuando las dejas de regar se secan? Parecería tonto mencionarlo ahora, pero si quisiera hacer una similitud entre la sensación del cuerpo y del alma que se secan, sería esa. Una planta que dejó de ser regada y fue muriéndose poco a poco. Así se extingue también la ilusión.

Después del shock de saber que los pequeños no llegarían a la vida, lo lógico inmediato fue hablar con el hada, quien al igual que yo, sintió tremendo pesar por la noticia. Me he preguntado en estos años cómo es que los médicos pasan y pasan por tantos duelos propios y ajenos, ¿cómo los sobreviven, los digieren, los acompañan? ¿Cómo hacen para decirle al corazón que el otro está sufriendo y que hay que conectarse y desconectarse para continuar con lo que sigue, con quien sigue? No son un switch de electricidad que simplemente presionas y cambias la emoción, ¿o sí?

En los tratamientos de fertilidad hay multitud de variables que generan vulnerabilidad incontrolable. Los porcentajes de efectividad planteados desde las primeras etapas son tendencias vistas por la ciencia a través del tiempo; sin embargo, cada caso es tan particular que nada puede asegurarse, mucho menos la permanencia y desarrollo de la vida que pretende gestarse.

Las indicaciones del hada había que seguirlas, una acción radical, suspender ese mismo día todo el tratamiento que había estado tomando, inyectando, e insertando en mi cuerpo. Sentí esa paradoja de un gran alivio por detener aquello que causaba tanto malestar cada día de los tratamientos y por otro lado un hondo pesar por saber que esa era la señal inequívoca de que todo el esfuerzo iniciado mucho tiempo atrás había que detenerlo sin más ni más. El gran y mejor proyecto de mi vida, había de pararlo de golpe.

Dejar ir, soltar por completo lo sustancial e invisible, esa ilusión que alimentaba la mente, el espíritu y el corazón. El DUELO con mayúsculas que no encontraba expresión, que se enraizaba como una plaga que con toda su fuerza me poblaba, la pérdida que probablemente a mi alrededor nadie entendería, sería empático o aceptaría. Era inequívoca e irrevocable la ilusión que, generada como movimiento expansivo dentro de mí, de mi esposo, de la familia requería de dejarla en paz, en el olvido, pero ¿cómo entender en el interior tanto dolor y desesperanza? A mí nadie me dijo que todo esto podía sentirse, creerse o sembrarse con tanta furia.

Parecía que simplemente hay que saber que no se pudo y ya está, a darle carpetazo por debajo de la mesa para que nada se sepa, para que parezca que no fue real, para contar con las razones suficientes para no derrumbarte, llorar, patalear y enojarte profundamente por lo que no llegará jamás.

Pero te contienes, no lo entiendes, no lo sueltas, solo está ahí; el dolor que flota entre tus ojos, en los pensamientos, en el cuerpo pesado, los pasos de plomo, la energía vital con el mínimo indispensable para continuar el camino y algo aún más extraño, una mezcla entre vergüenza y culpabilidad que te tragan y se arraigan tanto que decides mejor callar.

Piensas que nadie lo entenderá, pero quizás y lo más probable es que no sabes que existen cientos, miles o millones de corazones más en el planeta que experimentan tu mismo dolor.

Hay un espacio de tiempo en el que el corazón y la mente no coinciden... tu psique exige respuestas, situaciones lógicas con las que puedas acallar aquello que quema por dentro, las justificaciones para permanecer en el camino y probablemente una vez más, aunque antes no lo hubieras contemplado, hacerlo todo de nuevo.

Regresar al consultorio y revisar la situación novedosa desde todos los ángulos es un duro pan por roer. Escuchas los datos, las razones que sostienen el desenlace, pero nada de eso causa confort. Hay que tragar saliva, sentir el nudo en la garganta, aguantar las lágrimas y escuchar. La estadística, mi propia historia en este intento tenía todas las posibilidades de lograrse o no, como cualquier cosa en la existencia, solo que aquí sí estábamos esperando la llegada de una vida.

Hubo que dejar que corrieran las semanas mientras reponíamos a mi cuerpo del cúmulo de hormonas ingresadas, los efectos secundarios, la sensación de haberme sometido a un procedimiento que me dejó exhausta. Me sentía como un títere que se movía por inercia y no encontraba las formas con las que una vez más mi vida regresara a lo conocido. Por suerte, sin tener consciencia, ya jamás sería así.

Hay un compás, un tiempo no tiempo que se queda estático, en donde los minutos o las horas no corren como cuando la emoción y el cuerpo están alineados. En ese compás había que tomar decisiones.

El conejo blanco no había perdido oportunidad de aparecerse de manera continua. Mantenía mis ojos fijos e hipnotizados al recordar el calendario, al recordarme las palabras del hada, al reconocer mi propia voz diciendo… te quedan solo 3 meses para cumplir 41 años. El tiempo biológico corre, las oportunidades se agotan, necesitas apresurarte y salir de este sin razón.

El ciclo menstrual y el conejo blanco son los mejores amigos, inseparables, aguardan fielmente para ti. Ya era octubre y por primera vez en muchos meses, mi matriz se veía linda y preparada al igual que los ovarios, los folículos y el desaparecido amiguito fibroso. El camino estaba limpio, no teníamos que pelearnos con ningún quiste que quisiera alimentarse de los carísimos medicamentos o llevarme nuevamente a quirófano antes de iniciar con el siguiente tratamiento.

Solo había algo que me taladraba constantemente... mi pensamiento se encargaba de recordarme que estaba cruzando un límite que yo misma me había dicho que no pasaría meses atrás.

Para mí, el simple hecho de enfrentarme a un in-vitro ya era romper con el esquema que me tenía permitido. Finalmente sucedió y entonces entré, entramos en este ciclo que te atrapa como una masa pegajosa de la que es difícil desprenderte. La ilusión y el deseo de ser padres nos sostenía, las decisiones económicas que por otra circunstancia antes no habría tomado ni siquiera lo pensaba dos veces, simplemente abría la cartera, la cuenta de banco, lo que hubiera que hacer.

Antes de mis pequeños pensaba que no llegaría a un segundo ciclo, a una nueva búsqueda. Antes de ellos yo era otra persona. Antes de ellos yo hubiera dicho que no.

Octubre, un mes de lunas hermosas que por lo menos desde el carácter científico auguraba una mejor experiencia nos aguardaba.

Octubre, la nueva oportunidad de conocerme rompiendo los propios paradigmas, de caminar por el compás de tiempo buscando tocar una nueva melodía. Tomé al conejo blanco por las orejas, me tenía harta, necesitaba que dejara de correr detrás de mi empujándome cuanto podía. Lo senté mirándolo a los ojos y le dije firmemente que ahora seguiríamos mis reglas, que el control lo tendría yo, que le exigía que me dejara en paz y que no lo voltearía a ver.

Me regresaba su mirada desafiante, pero accedió… hicimos un pacto, lo haríamos juntos, pondríamos las fuerzas a nuestro favor. El conejo solo se levantó, me observó por el rabillo de su ojo mientras se alejaba, inmune a cualquiera de mis gestos. Me dejó creer que tendría el control sobre lo decidido y entonces comenzó el nuevo andar, cada quien, por su lado, pero tomados del hilo rojo irrompible que nos unía y que en cualquier momento podría jalarse sin piedad para volvernos a enfrentar.

Así me abrazó octubre, con su aliento cálido, abriendo las posibilidades de un volver a empezar.

ELLOS

¿Se han sentido invisibles? Sí, no vistos, no reconocidos, nadie sabe de su existencia, difícil de imaginar, ¿cierto?... Me encuentro en una encrucijada porque yo sí los ví, los reconocí, los cargué en lo más profundo de mis entrañas y sin embargo en la irónica espera, la más larga y corta, simple y llana fue así, llegamos al día 17 en donde una vez más toco la impermanencia, lo volátil y fútil del tiempo que puede impulsarte a las estrellas o morir totalmente en un instante que jamás se repetirá.

Irónicamente eso quiero, que nunca se repita porque el día 17 aunque contiene un siete y parezca de la suerte no solo no me elevó a las estrellas, sino que me reveló la posibilidad de hundirme en un dolor agudo, mudo, invisible que me tragó al encontrar las cifras que redimensionaron mi existencia.

Temblor en las piernas, pensamientos inestables, poca atención. Utilizar mínimas instrucciones, solo levantarme fingiendo que el sueño lo espantó el despertador, ir al baño, vestirme, arreglarme un poco, escuchar mi estómago gruñir por hambre y decirme a mí misma que no es posible ingerir nada más que agua. En realidad, no sé si es que ese ruido en los intestinos son un clamor por alimento o la muestra más nítida de los nervios que me dominan por la prueba que haremos en el laboratorio.

¡Cubre bocas, no olvides el cubre bocas! La pandemia nos obliga a cubrirnos la boca, la que tiene contenido el aliento de la esperanza. Mis venas reciben la diminuta aguja que la enfermera tiene que utilizar después de varios intentos en los que deciden esconderse y hacer un poco más dolorosa la espera. - Utilicemos el kit para niños, me dice – Sin problema, es lo que puedo emitir mientras bajo la vista para evitar aumentar la probabilidad de dolor como en cada ocasión que he requerido llenar tubitos de sangre después de varios intentos fallidos, dolorosos, frustrantes.

Regresar a la casa y organizar las tareas, la mente y el corazón me provoca entrar en piloto automático. Enforcarme lo menos posible durante las 6 horas prometidas por las asistentes para obtener el resultado es mi salvavidas; pero hay un pensamiento constante que se rehúsa a irse, lucho entre la ilusión, la incertidumbre y el miedo. Cuando llegue el email ¿qué haré?, ¿lo veo yo sola?, ¿lo abro junto con mi esposo?, ¿quiero saberlo para sorprenderlo diciéndole que es papá o que no lo seremos?

Fuck! Los números negros, los ceros, la nada… no hubo que esperar tanto, solo fue una vida. La campanita del correo electrónico cimbró el celular, me llevó a la pantalla de la laptop mientras intentaba hilar palabras en la videollamada en la que me encontraba. No me resistí, mi corazón tenía que verlo, la espera me desbordaba.

Y entonces ya no solo era la visión en mi cabeza, la duda en el corazón. La clara, cruel e inmensa realidad volvió a mostrar que los análisis solo corroboraban aquello que me había acechado durante tanto tiempo. Mis hijos vivían en mi corazón, en mi mente, en mis sueños más no en mi regazo, no en mis entrañas, jamás podría abrazarlos en este plano terrenal.

No sé por qué, pero el dolor se quedó anidado abriéndose espacio vorazmente para enquistarse sin saber cómo mostrarse. Muy dentro y la pregunta apabullante que me absorbía, ¿esas cifras en negro me daban derecho a sentir que me había roto desde lo más profundo de mi humanidad?

Ya antes había recibido muchos “no´s” en cada mes de espera, en los tratamientos anteriores, en las ilusiones no transformadas, pero jamás antes había sabido que mis hijos ya existían, que se habían acurrucado en mí dejándome verlos haciéndome saber que cuidarles y amarlos infinitamente era parte de mi razón de ser.

Hoy, 3 años después en el mismo septiembre, pero del 2024, han sucedido 1,135 días desde que me maravilló su brillo en la pantalla del quirófano antes de esa prueba de sangre, 1135 soles y lunas con cada uno de sus minutos y el tiempo parece que en mi interior se quedó inmóvil, estático tratando de contener la sensación, la alegría que cada uno de mis poros expresó en ese instante en donde brillaban luminosamente.

Este manuscrito es la primera forma social en la que los saco de la invisibilidad, en la que los hago formar parte de mi sistema, del mundo. La primera ocasión en que los nombro en voz alta, en que escribo sus nombres en estas páginas que pretenden hacer un poco de honor a su llegada, a la inigualable alquimia que provocaron en su mamá.

Sus nombres han estado en mí desde siempre, conectaron de inmediato cuando en uno de tantos momentos de ilusión años atrás, previos a intentar traerlos al presente las conversaciones entre su papá y yo mientras reíamos y jugábamos decidíamos que así queríamos llamarlos, así seríamos parte.

Y el tiempo, una vez más el tiempo que se conjunta con la realidad me muestra que haberlos guardado solo para mí en mi corazón no fue suficiente ni justo pero así decidí que fuera. Quizás por ignorancia, por el entendimiento irracional del no derecho de expresar el dolor y el amor que me trajo su existencia.

Hubo un día en el que se rompió mi universo, en el que pensé que era mejor callar, intentar justificar ante quienes me aman y estuvieron cerca las posibles razones suficientes por las cuales estaba bien que no estuvieran creciendo dentro de mí, a veces hacemos eso como un mecanismo de defensa para reprimir la posibilidad de desbordarnos ante tanto dolor. Por teléfono, a la distancia solo dije "lo bueno es que no quedó ninguno más congelado, lo bueno es que no me ilusioné".

Los hice invisibles, como lo han hecho tantas y tantas generaciones de madres y familias que sintieron lo mismo que yo, que sus hijos no llegaron a desarrollarse a plenitud, en donde los duelos de este tipo no son permitidos, mejor silenciarlos porque hay vergüenza, porque no hay derecho o por lo menos, eso es lo que la creencia ha impregnado en nuestra psique, en nuestro actuar, en el colectivo que opta por no ver este dolor ni hablar de él aun cuando te devora sin piedad.

A veces me pregunto si en algún momento colgaré las imágenes de sus células en las paredes de la casa como muestra de su existencia, si en la celebración del día de muertos pondré un altar que les haga presencia, si pediré una constelación de estrellas impresas que muestre el día en el que los conocí o si encontraré un elemento físico que pueda representarlos, que me deje mostrarle al mundo que están tan presentes que alimentan mi vida, que me impulsan a soñar, a seguir encontrando sus señales en la naturaleza, en el vuelo de las mariposas, el viento que me mece, los sueños que me arrullan por las noches.

Ustedes son Diego y León, mis pequeños inmensos, la luz de mis días, las células que no se manifestaron en una prueba positiva de embarazo, pero sí quienes fueron a acurrucarse a las fibras que laten con fuerza en mi corazón y llenan de ternura momentos de mi memoria viva que continúa acompañándome en miles de instantes.

PARTE VII

SEGUIR EL INSTINTO

¿Estás lista? Era una pregunta genuina del hada mientras me veía frente a ella en el consultorio, sentada junto a mi esposo en las sillas con asiento acojinado y respaldo de metal mientras mi mano se entrelazaba ansiosamente con la de él.

¿Qué si estaba lista? No tenía ni la menor idea o quizás no sabía con exactitud a lo que ella se refería, pues de forma ilusa pensé en ese instante que lo único y fundamental que había que tomar en consideración para estos asuntos era el que el cuerpo mostrara las mejores señales para a continuación simplemente decir que sí. Como lo habíamos constatado previamente, por motivos médicos no había razones para parar y por el contrario el presente de ese octubre del 2021 parecía el escenario perfecto para iniciar a la brevedad.

Y mi ilusión de parar al conejo blanco… pues sí, fue un mero deseo. Pero que conste que lo tomé con seriedad y mi tono iba con completo compromiso cuando miré fijamente a sus ojos grandes y saltones enmarcados con una oreja firme y parada como antena mientras la otra descansaba dobladita cayendo hacia el frente. Quise creer que tenía el poder de dominar la irreversibilidad del tiempo que, por supuesto se me escurría entre los dedos, lo cual era muy evidente durante mis tratamientos de reproducción asistida.

Las citas ginecológicas hay que tenerlas en el tiempo correcto, con los días adecuados del período que de forma fiel permiten observar a las verdaderas estrellas de la función, los posibles folículos que se convertirán en óvulos y posteriormente en nuestros amados bebecillos.

¿Que si estaba lista? Mi cuerpo decía que sí, pero la mente se deslizaba en un tobogán largo y enredado de pensamientos que al llegar al final me sumergían en una fosa profunda de la que me costaba salir sin sentir que me ahogaba. ¿Y el espíritu?…

seguía transitando por el duelo no permitido, no visibilizado que se asomaba constantemente sin que identificara su forma. Pero sí, en resumidas cuentas, estaba lista.

En el calendario la suma de los días para llegar a la extracción nos llevaba al maravilloso posible periodo del 15 al 17 de octubre, el mes con las lunas hermosas, el clima ideal y en ese 2021 también con la alegría de ser la tía y flamante próxima madrina de bautizo de uno de los seres que más amo en este planeta, mi pequeño sobrino.

¿Podía ser así de irónica la realidad? ¿Era tan gracioso el universo que podría reunir la fecha exacta del día de la extracción de mis óvulos con el día en el que se auguraba mi ser madrina? Posiblemente para muchos es irrelevante el asunto, pero para mí, era uno de los días que había esperado con mayor ilusión desde hacía tanto tiempo.

No quedaba más que comenzar una vez más con el tratamiento como lo había hecho durante mi primer in-vitro. Organizar las visitas médicas constantes, transportar la hielera para mantener en perfectas condiciones el medicamento, reestructurar la agenda diaria para inyectarme en el rango de hora previsto, tomar las píldoras, hacer mis protocolos de relajación y rezar, rezar y rezar… Era justamente esta acción de fe la única con el poder suficiente para dar pausa y calma a la vorágine de mi mente y corazón.

El nuevo capítulo de la vida que se alimentaba diariamente de amor e ilusión impulsaba las acciones continuas que me hacían sentir como en una montaña rusa. El recorrido a la clínica se presentaba constantemente con una mezcla de emociones que ya estaban muy definidas.

Pensaba que era valiente y que podía regular mi dolor o incomodidad ante el pensar en los análisis de sangre que se requerían constantemente, los ecos vaginales y las inyecciones que amorataban mi vientre. Seguía sin soportar la náusea gracias al olor que se desprendía de mi cuerpo a causa de la progesterona. La cápsula blanca de consistencia lechosa en el interior y de inconfundible aroma dulzón que me acompañaba todos los días.

En mi mente también convivía la presencia de recordatorios acerca de todos los materiales o contenidos que podría recuperar durante la experiencia para continuar con el proyecto de acompañamiento a otras mujeres en la misma situación que yo vivía.

Junto con mis socias, habíamos logrado avanzar con entrevistas a otras parejas o mujeres que habían pasado o estaban en ese momento bajo tratamientos de fertilidad, llevábamos a cabo reuniones con otros expertos en innovación y desarrollo de tecnologías que nos permitiera visualizar con mayor detalle el proyecto, reuniones constantes entre nosotras, en fin... había la idea clara de seguir siendo parte del equipo de desarrollo y al mismo tiempo sentirme como la conejilla de indias que evidentemente necesitaba contención pero que a la vez se colocaba una coraza que aparentaba que todo estaba bajo control. Claro está, solo era un mecanismo de defensa.

En mi mente retumbaba la pregunta: ¿estás lista? Por un momento le bajé al volumen a los pensamientos, a la voz fuerte y constante que me auguraba que el siguiente paso sería un caos. En ese silencio, a través de esa rendija de espacios entre sonidos encontré la respuesta... seguí al instinto, a mi instinto y continué por el camino del sí.

Pocas cosas estarían bajo control, era predecible que me volvería aún más vulnerable, pero ¿no es ahí donde realmente sucede la magia? En esos instantes de conexión pura que van más allá de la razón, que te guían por el sendero correcto, por las posibilidades infinitas.

Sin importar las tantas decisiones previas que tuve que tomar antes de ese momento, estoy segura de que el impulso más grande y puro que nos habita me llevó a ti, a ustedes.

Seguir el instinto no fue una casualidad, sino la conexión divina que me llevó al regalo más sublime de mi existencia.

LA CÁPSULA

Un mareo acompañaba el deslizar de mi mano en una sensación de cámara lenta que me hacía recordar episodios de películas en donde consumir un estupefaciente modificaba la percepción de la realidad y te hacía sentir que flotabas, que al colocar la mano frente a ti el suave movimiento ondulante dejaba una estela 3D con colores fluorescentes que desdibujaba los rasgos finos de los dedos.

Con una velocidad inesperada habían pasado todos y cada uno de los días en los que el tratamiento se administró de forma adecuada, pero en donde también encontré miedos y dudas profundas que me sacudían y alimentaban los demonios de mi pensamiento.
Ya no me preocupaba por lo logístico, por la forma de administrar los medicamentos o los efectos secundarios. Parecía que hacer por segunda ocasión un in-vitro me había adjudicado el diploma de experta en la materia, lo que liberó el espacio para las dudas que quería olvidar.

Mi cuerpo continuó con su lógica aprendida de avanzar con retraso a los números esperados en las visitas de revisión programadas. Teníamos un panorama sin quistes, pero una vez más, folículos sin el tamaño adecuado para predecir una extracción exitosa. Sin embargo, no nos detuvimos y con confianza se mantuvo la convicción de apostar por la fe sobre el proceso. Le dejamos al cuerpo que fuera guiado por su sabiduría intrínseca que no fallaría, la eterna conjunción entre fe y ciencia.

Las cuentas nos dieron y libramos como los mejores basebolistas el llegar derrapando y en safe a la fecha del bautizo, podría abrazar a mi sobrino y nuevo ahijado con el corazón lleno de ilusión para que el domingo 17 de octubre mi vida cambiara para siempre.

Un nuevo pretexto para nuestrxs hijxs había de ser inventado, otro supuesto tratamiento para combatir los quistes, hermetismo total antes de salir hacia la clínica y el check ya conocido que me permitiera sentir que la rutina me daba confianza, el ilusorio control de la situación.

El olor del lugar ya era familiar, las caras de la recepción con una sonrisa que me hacían preguntarme si trabajar en domingo les era satisfactorio por el hecho de saber que había quienes llegarían ahí con el corazón en la mano buscando encontrarse con su sueño dorado. La brillante dentadura aperlada de cada una fue mi esperanza y refugio, así como las manos de las enfermeras que facilitaban la ropa graciosa para ir a quirófano.

El presente es cambiante, se termina y continua por lo que la calidez antes experimentada mutó por otra sensación que me hacía temblar, desprenderme de mi ropa íntima para estar por un tiempo expuesta a la vista de conocidos y desconocidos que antes que yo, probablemente sabrían más sobre mi posible destino.

Ingresé con la pregunta más intrigante: ¿habré podido hacer lo suficiente para crecer mis pequeños folículos del tamaño adecuado y más importante aún, tendría la cantidad necesaria para apostar por el siguiente paso de la fertilización y luego la maravillosa transferencia? o sin importar todo lo hecho hasta entonces, los números y tamaños ¿simplemente negarían el añorado anhelo?

Cuestionar tu capacidad reproductiva es un asunto que no lo tocas con toda su intensidad hasta que constantemente se te niega el milagro de la vida en tu vientre sin todo un conjunto mecánico de acciones científicas a las que no se enfrentan aquellos que de manera natural consiguen un embarazo.

Es posible que con mucho trabajo terapéutico para racionalizar mis pensamientos hubiera podido separarme de la identidad que en mi interior prevalecía en donde ser madre era directamente proporcional a la valía de ser mujer.

Entré al quirófano, me recosté sobre la mesa, respire y me dije que todo estaría bien mientras veía de reojo la aguja insertándose en mi vena con la solución adecuada para llevarme a los brazos de Morfeo, al sueño profundo que calmó las tremendas olas de las dudas. Abrir los ojos y escuchar que cuatro inmaduros días antes se convirtieron en ocho folículos con posibilidad de ser fertilizados fue abrirle nuevamente el paso a la fe y la esperanza que se sobreponían a la razón.

Esos ocho al pasar de los días y por selección natural terminaron siendo cinco que maduraron y vivieron los procesos de fertilización necesarios, aunque a su vez esos mismos hubo que someterlos a un filtro más que indicaría la respuesta final previo a la transferencia. ¿Cuántos de ellos después del análisis genético eran viables para ser implantados?

El estrés y la ansiedad te envuelven y te toman en sus garras afiladas difíciles de esquivar. Mis dedos de las manos con efecto estupefaciente no tenían razón de ser, a excepción de la clara verdad... las cápsulas de progesterona no se toman, se insertan vaginalmente. ¡Oh, Dios!

TRAVIESA

A mí me dijeron que no lo fuera, que me comportara como se esperaba, como se suponía que había de hacerlo cualquier señorita con buena educación.

Bueno, de forma honesta no sé si esas fueron las palabras textuales o como en tantas y tantas ocasiones, acomodé en mi mente lo que creí haber escuchado y se convirtió en una realidad, en una forma de actuar.

Bendito sea Dios que cada ser tiene la capacidad inherente de ser lo que pueda ser y por ello es que tú eras TRAVIESA.

Después de la cápsula que se depositó en el sitio incorrecto, lo que se visualizaba en la línea del tiempo suponía recibir la más preciada información que nos llevaría a la transferencia.
Y mientras escribo esto recuerdo con mucha sensibilidad la escena de una serie en la que una pareja en el norte de Europa vivía con una situación muy similar a la nuestra. Mantener el teléfono cerca de ti se convierte en indispensable, no para resolver la vida, pero sí para recibir información que te llenará el corazón de ilusión y esperanza o para derrumbarte de forma tan cruel que es poco posible imaginarse.

En el capítulo, la mujer trataba de mantener su mente y cuerpo ocupados durante el día en el que había sido instruida para esperar en un lapso determinado de tiempo la llamada de la clínica de reproducción asistida que le informaría si los folículos sustraídos habían podido ser fecundados y eso dejaba que avanzaran hacia las siguientes fases de división celular para llegar al tan anheladísimo día 5, el ganador máximo pues es ahí cuando la implantación sucede.

En esta serie el drama era mayor pues imagina que estás en alerta total durante ese día y la verdadera esperanza es que "NO TE LLAMEN" de las 6 am a las 9 am. El sonido alto y vibrante del celular significaría que tus sueños NO SE HARÍAN REALIDAD o por lo menos, no en ese momento a través de esa técnica a la que le habías invertido todo de ti.

¿Has sentido esa ansiedad que te carcome en la que tu respiración se entrecorta, las manos te sudan, no puedes dejar de moverte, el estómago se contrae, la vejiga se altera y quieres ir al baño una y otra y otra vez? Los pensamientos no paran, el miedo te abraza y te ahoga...

Mi espera y la de ella se alimentaban de lo mismo; tareas domésticas, horas y horas de estar conmigo y darle vuelta a la cadena de pensamientos rumiantes que se mantenían inquebrantables. Posiblemente algunos descansos emocionales y mentales cuando entrevistaba a otras parejas que ya habían recibido tratamientos, investigaba, mandaba emails a mis socias/amigas o al equipo de innovación que nos acompañaba para redondear la idea del modelo de acompañamiento.

Tú lo sabes, las horas pueden volverse un callejón con esquinas tenebrosas de las que quieres alejarte, pero, aun así, es necesario caminarlo para llegar al otro lado; así que seguí adelante hasta que recibí un mensaje de texto del hada.
Escuché el teléfono vibrar pues suelo mantenerlo en silencio, en la pantalla bloqueada supe que era de ella, respiré profundo y confieso que cerré los ojos, le pedí a mi Virgencita que nos hiciera el milagro y leí el mensaje: "Hermosa, avanzamos y tenemos óvulos fecundados en día 3. ¡Continuamos con el análisis genético y si todo sale bien, nos vemos el viernes en la clínica!"

Mi querida o, mejor dicho, nuestra querida hada seguía llenándonos de esperanza, manteniendo el buen humor y con sus palabras proveyendo de un bálsamo amoroso que nadie más podía brindarnos. La ironía de la vida es esta, sueltas y jalas, sueltas y jalas... habíamos avanzado un nivel más y aunque la ilusión impregnaba cada una de mis células, la inocencia de la perfección ya se había roto con el primer tratamiento.

Sabía que la espera aún con todo lo avanzado podría simplemente frenarse ahí, y bueno, tomé una decisión ejecutiva, mandé al miedo congelante a la banca y metí todos mis refuerzos de esperanza y optimismo a jugar el siguiente partido. Estaba dispuesta, no había vuelta atrás.

Hice lo que pude conmigo y mis remolinos internos, aprovechaba cualquier ocasión para salir de la casa y caminar, para despejar la mente y acallar a los monstruitos. Ahora no solo yo había aprendido, también como pareja entendíamos que nos faltaba camino por recorrer y que la comunicación clara y directa sobre lo que sucedía era vital. No queríamos un episodio más como el de las nueces y las almendras por el que ya habíamos pasado.

La cocina, el piso blanco y la pared que daba de frente a la estufa. En su profundidad colgué una planta con sus guías largas llenas de hojas verdes con un destello amarillo. Amaba verla ahí. Esa esquina por razones hasta ese momento desconocidas me proveía de refugio.
El muro brillaba con el reflejo del sol que se cuela durante el día, pero especialmente por la mañana, y mi tesoro... un cuadro espectacularmente colorido, la gran cara del elefante que parece salir de entre la selva con tonos naranjas, rosas, verdes, amarillos que te envuelve en su espectáculo de color. Los ojos seductores del elefante que te observan y te dicen calma, yo estaré aquí para ti.

Verlo me hacía sentir que me abrazaba y que ahí, en ese espacio de dos por dos podía no solo cocinar, sino también crear. Llenarlo de aromas más allá de los propios de los alimentos y virar hacia las lavandas, mentas, tangerinas. En la cocina no solo se alimenta el cuerpo, también se nutre el alma.

Una pequeña mesa improvisada, la silla plegable que había llegado en la pandemia cuando la casa se transformó en las distintas oficinas que cada uno necesitaba. La planta, el cuadro, el difusor, mi computadora y por un costado el patio inundado de color y sillas tejidas como hamacas que a cada uno de los miembros de este hogar nos habían acunado.

Pasé horas soñando con lo que vendría, organizando datos de las entrevistas, haciendo llamadas para continuar con la iniciativa y rehusándome a caer en la desesperanza que me transmitían quienes ya habían pasado por tratamientos de reproducción asistida y el resultado no había sido favorable. No quería ser parte de ese gran porcentaje que recurrió a más de un tratamiento, no quería ser estadística, necesitaba confiar en mi buena suerte, en los milagros.

Pasó el jueves y no volvió a activarse ninguna alarma de peligro en los mensajes que llegaban frenéticamente a mi celular. En cada ocasión que la pantalla se iluminó mi corazón también se desbordó y fui acompañándome hasta amanecer ese bendito viernes.

La espera se sentía quemar, sin información que levantara o derrumbara... conocía el camino y el día anterior por lo menos en términos logísticos todo tenía orden y tiempos precisos, habíamos de estar listos para irnos a la clínica aún sin los resultados del estudio.
7:00 am del viernes, radio silence... Después de la caminata matutina habitual no aguanté más y le escribí al hada. No había información proveniente de la Ciudad de México, el genetista nos mantenía en la incertidumbre total, pero a las 12 del día habríamos de estar allá.

Nunca lo pregunté así pero quizás como en el capítulo de la serie, las NO noticias eran buenas noticias o por lo menos, no había ninguna contraindicación del hada y eso para mí era la luz verde para continuar.

Había aprendido la lección así que no más frijoles de desayuno, posibles preguntas que detonaran discusiones y mucho menos, bebidas rehidratantes sabor uva... las burbujas dentro de mi estómago no estaban en la lista de invitados del día.

Mi hermano nos había prestado su hermoso auto para transportarnos durante la semana pues el nuestro se había vendido días atrás y al saber que llegaban todos estos movimientos nos anticipamos para ello.

En ese día que sea como sea transforma tu existencia, lo que menos querrás será depender de un servicio de plataforma de autos para llegar o no a tiempo. Al conejo lo veía taaaaan feliz en su papel, el reloj por delante y él con su sonrisa mostrando los dientes blancos y grandes, los ojos brillantes y señalando el reloj que hace tic-tac, tic-tac. Precisión, ante todo, los minutos son cruciales.

Ya sabíamos que yo no quería saber detalles sobre el sexo, cantidad de embriones, nada... nada que pusiera a mi mente a girar como loca y me llenara de estrés. Nada que me llevara al cielo y luego me dejara caer.

Se dieron las 12, las puertas de la clínica se abrieron para nosotros y comenzamos con el proceso ya conocido. Los sillones cafés, las sonrisas de las señoritas recepcionistas, las firmas en los grandes paquetes de formatos que aun cuando ya había leído antes decidí hacerlo nuevamente.

Seguir las líneas llenas de palabras me proveía de una sensación de seguridad sobre la realidad en la que estábamos. Creo que absorbí el tres por ciento de la información dada pero mi corazón bajó su intensidad y las ganas de orinar se disminuyeron. Había tomado fuerza para lo que seguía.

Pasamos al cuarto designado, los trajes quirúrgicos estaban sobre la cama. Azules, los dos nos vestiríamos de pitufos mientras nos veíamos a la cara sin saber qué hacer pues seguían avanzando los minutos y aún permanecíamos en ascuas. Tenía el Jesús en la boca, las manos sudorosas, el estómago moviéndose a su voluntad, pero me hacía la fuerte, sonreía porque la neurociencia me ha enseñado que aún la sonrisa fingida en situaciones de estrés le ayuda al cerebro a saber que puede estar en calma y yo, necesitaba calma.

Y para mi gran placer lo tenía ahí de frente a él, vestido de pies a cabeza con esa tela papelosa que se convertía más que en un traje en una carpa. El cabello cubierto con el gorro con filo blanco que se amarraba por detrás. La parte superior enorme y los pantalones en los que podía caber otra persona más y él.

Se puso de perfil a la cama mientras yo me recostaba y tomó su teléfono... simuló que le marcaba al genetista en la ciudad de México y comenzó una conversación. "Oiga usted señor doctor, sí, le estamos llamando desde la clínica, ¿no se le ocurrirá decirnos qué pasa?, sí, es que estamos aquí con nuestros trajes azules color pitufo mientras lo esperamos. ¡Hágame el favor de informarnos!... su expresión era la más cómica. Movía sus manos a la par que su voz se transformaba en el diálogo. La carpa que tenía montada como camisa se movía hacia adelante y hacia atrás mientras levantaba la mano y el dedo señalándole al doctor la importancia de lo que no nos había comunicado.

Mientras lo escuchaba comencé a reírme sin control, las carcajadas brotaban por todo el lugar. Él sabía cómo acariciar mi alma mientras me carcomía la incertidumbre, él sabía cómo amarnos en medio de ese momento tan singular.

Le tomé varias fotos que aún están guardadas en mi celular y a las que recurro frecuentemente. Los momentos que cambian tu vida son esos instantes que no esperas, ese día, esa emoción, esa espera eran mi hogar.

Se terminó el stand up y nos sentamos a esperar. La risa me había calmado, mi cuerpo se sentía relajado y en paz.

Pocos minutos después entró el hada con la carpeta más preciada, el logo de la clínica estaba en el frente y sus manos la sostenían en calma.

Las buenas noticias habían llegado, ese viernes nos comunicaban que éramos papás de dos pequeñitas que estaban listas para llegar a nuestra vida y ser familia. Ahí mismo también supimos que el resto de nuestros embrioncitos habían sido inviables y ninguno se quedaría congelado en banking así que ellas dos serían implantadas en cuanto el quirófano estuviera listo.

Esas carpetas no solo guardaban información con análisis cuantitativos y cualitativos de nuestros seres que nunca conocimos, también traían consigo en cada ocasión una imagen, la primera que mostraba su presencia, tu presencia.

La fotografía de dos células que estaban en reproducción con sus innumerables diferencias entre una y otra. Nadie sabrá quién era quién, no importa cuántas veces regrese a ver esa imagen que vive en mi caja de recuerdos, lo que yo quiero creer es que como lo dijo la enfermera que ya nos conocía y nos había tomado tanto cariño, había una célula que parecía estar más que lista para la vida, se desbordaba con su energía que traspasaba el gráfico color sepia como en los libros de biología que me mostró mi mamá tantas y tantas veces años atrás.

Ella me dijo, “seguro que se queda, mírala, es una traviesa”. Nos vimos a los ojos y ahí comenzó todo.

EPÍLOGO

PARTE 1

10 de mayo 2025

Temía las fechas en las que veía todo aquello que deseaba con el corazón pasar a mi alrededor sin poder tocarlo. La voz elevada no alcanzaba al oído de los demás, podían escuchar mis palabras como murmullos lanzados al viento que se diluían entre otros tantos ruidos más.

Pero yo deseaba no solo ser escuchada, sino también ser vista. Rogaba por dejar de ser invisible, no como persona, sino como en lo que me había transformado, deseaba con cada célula ser vista como mamá.

Mis años de la infancia se iluminaban cuando la celebración del día de la madre se organizaba en la primaria. Regalos que en definitiva estaban pensados y hechos para "no servir" pero sin duda esas profesoras de mis primeros años sabían cómo poner a todas las cabecitas y corazones de las niñas y niños del salón durante algunas semanas a enfocar su energía en crear con sus manos un regalo que visibilizara aquello que costaba decir.

Bailables con vestidos rojos, medias negras, cintas en la cabeza y plumas elegantes para brincar al ritmo del can-can; divertido, alegre... lleno de risas y varios cientos de pesos para que los hijos en el teatro con su cuerpo le dijeran TE AMO a su mamá.

En el escenario descoordinación y caos, pero el ambiente de alegría envolvía a cada participante porque no había un ser al cual deseáramos agradar y celebrar más en ese instante. Añorábamos ser vistos, reconocidos y amados por ella, solo por ella. Quizás me equivoco y no puedo hablar por los demás, pero así era yo, así era la emoción, el deseo ferviente y constante por mi mamá y su celebración.

Cantos, cajitas hechas con abatelenguas e hilazas de colores tejidas con agujas gruesas, collares, flores, poesías, abrazos, cada uno de esos recuerdos está en la memoria de las añoranzas que quería con el alma entera pudieran repetirse en mi historia, en un día en que el mundo reconoce a la protagonista, a la madre, al ser que nos dio la vida.

Hay días en los que logro detener el deseo y solo respiro para situarme en el presente, soltar lo que se había creado en mí como la imagen de lo que había de ser y que evidentemente no pasaba. Cómo negar que ese deseo no cumplido derrotaba al corazón constantemente pues no solo era una ardua tarea provocar que esa memoria añorada dejara de repetirse, sino que era evidente que de ninguna manera viviría en este plano de la realidad una situación como esta.

Pero la magia reside en alinear, en nombrar, en primera instancia en hacerlo una verdad para ti. En dejar el miedo a un lado, aunque te suden hasta las entrañas y decirlo con todas y cada una de sus letras. Quiero ser visible, quiero que se me reconozca como mamá.

Qué raro, ¿no? A cualquier mujer que se le ve con su retoño sin importar nada simplemente se le nombra ***"mamá"*** y quizás ahí está el detalle, el gran puente que hubo que cruzar en mi interior para visibilizar y validar a mis hijos ante mí y entonces, hacia los demás.

Y nombrar es hablar, ser compasiva fue expresar lo que por tanto tiempo había guardado en el pecho y la garganta bajo cerraduras reforzadas.

Este 10 de mayo del 2025 comenzó con solicitar lo que deseaba, con levantar la voz en mi propio hogar para hacernos visibles, con un esposo que escuchó más allá de las palabras y lo insertó en su corazón.

Irónicamente siendo una total defensora de este derecho hacia otras en una situación similar no me lo había dado a mí, el silencio reinaba fuera de la alcoba y nadie hablaba de María o del ser padres. Cada uno de nosotros habíamos tenido conversaciones aisladas, sentimientos, pensamientos, recuerdos sobre su existencia, pero nunca un momento de intimidad para saber lo que pasó y lo que significaba como familia... ¿cómo es que hay más de dos hermanas en este hogar?, ¿cómo es que sí podían nombrarme y felicitarme por ser mamá?

Un restaurante, bebidas para el desayuno, pastelillos con frutos de colores, platos fuertes, el corazón acelerado y las manos frías al ver a mi esposo sacar de su muy cuidado bolso de viaje el cuadro con la imagen de nosotros cuatro y en medio un angelito que cargo en mis brazos, así como Donatella (la mascota que llegó al irse María). El gráfico que con todo su amor nos había regalado tiempo atrás mi cuñada y hermano para darle calor a mi corazón, para transitar los primeros pasos en este camino de la maternidad anidada en el alma.

¿Cómo pedirle más a la vida si nos tenía ahí reunidos conmigo en el centro de la celebración? Los miré, respiré y tomé la mano de él. La garganta y el pecho que estaban cerrados se relajaron y las lágrimas comenzaron a correr su respectiva carrera. El miedo que me abrazaba y la vergüenza que me había silenciado dejaron de contenerme pues el amor se expandía con toda su fuerza. Ahí me di cuenta de que debí de haberle hecho menos caso a mi cabeza y más a mi corazón, más al amor y menos a la vergüenza.

Les compartí los detalles de lo sucedido, las emociones que me llevaron a decidir permanecer en silencio, las formas en que encuentro a María a mi alrededor. ¿Por qué le hacemos tanto caso al miedo y nos perdemos de lo maravilloso que es el amor y la compasión? Quizás porque vemos y sentimos la realidad a través de ***"errores del pensamiento o distorsiones cognitivas"*** que te arrastran a las formas más dolorosas en la imaginación y que se experimentan como una realidad incuestionable.

En esa mesa, recibí aprendizajes amorosos y compasivos de ellas, de él, de mi familia, pero también preguntas... ¿por qué no te vimos con tanto dolor, derrotada, con ganas de morir? ¿Estábamos tan ocupados cada uno en nuestras cosas que no nos dimos cuenta?, ¿si somos una familia que nos contamos tanto, por qué no hablamos de esto que es tan importante?
Sé que fue totalmente mi decisión vivir en soledad este dolor indecible que me quemaba.
Sentía terror de que las palabras no me alcanzaran para contar que no tenía ganas de vivir, que despertaba por reflejo, que hubo un tiempo en el que el vacío me abrazaba y no sabía cómo salir de él.

Y no hay una respuesta acertada de cómo fue que a través de 1,251 días que transcurrieron hasta este 10 de mayo me podía poner en pie para compartir y alzar la voz que me liberaba. Sólo sé que cada uno de esos días, en medio de la tormenta, ella me sostuvo y me aferré a su amor.

PARTE 2
JUGUETONA

Annita, tu presencia acarició mi vida, con la suavidad de la bruma espesa que toca el agua de los lagos y que poco a poco va disolviéndose con el calor del día.

Las observé juntas en el papel, en la imagen de las células reproduciéndose a su propio ritmo y velocidad, pero estáticas para que su recuerdo se quedara tatuado en mi mente y luego fundido en mi para cada segundo de la eternidad.

No he sido capaz de reconocerte y nombrarte más allá de mi cabeza y corazón. En ocasiones creo que se debe al dolo tan profundo de no haberte conocido más que en la imagen impresa que sostenía el hada en sus manos y por eso fundí tu existencia en la de ella, en una representación del econosonograma que nos permitió encontrarnos.

¿Es justo el que quiera justificar mi dolor a través de esto? La verdad es que no lo sé, he intentado traerte a mis labios y mi voz y no lo consigo. En la etapa más desgarradora en donde quería arrancar de raíz el vacío del duelo recurrí a todas las terapias posibles, las estrategias que me recomendaban, las herramientas terapéuticas que me permitían representarte para verte y despedirme, para confirmar tu existencia.

El 08 de noviembre del 2021 experimenté la existencia y la pausa. Ese lunes la vida nos mostró su lado más sensible y real, cuando 17 días después de haberlas visto en el quirófano como esas dos luciérnagas luminosas que la pantalla mostraba al ser depositadas en mi útero en la transferencia del segundo in-vitro, la bendita espera que pareciera interminable llegó a su fin.

Por la mañana, la rutina ya conocida para hacer el estudio de sangre que nos diría si estaban presentes o no se hizo notar, sin embargo, una situación completamente diferente nos acontecía. El día se abrazaba de un dolor que parecía insostenible para la familia, la muerte se presentó ese ocho de noviembre, un primo muy querido de mi esposo había trascendido. Para mí era una paradoja, ¿cómo combinar la sensación del ir al hospital para encontrarnos con quienes recibían la devastadora noticia y nuestra espera de los resultados?

Me encontré de frente ante el dolor que había de ponerse en primer lugar pues lo que todos sabíamos y sentíamos era la muerte real y palpable, mientras me sumergía en la pausa de abrazar mi ilusión abrazada de ansiedad en cada minuto del día que pasaba añorando la llegada del correo electrónico proveniente del laboratorio.

Más tarde y ya en casa, caminar desesperada en mi habitación, pensamientos erráticos, abrazar a mi esposo que con todo el dolor había de continuar con su jornada laboral que parecía alargarse más y más. Distintas emociones se agolpaban, peleaba la idea de la necesidad de atender a nuestra espera por encima de cualquier cosa, acompañada de culpabilidad por querer exactamente eso y al mismo tiempo el dolor intenso de la pérdida de alguien a quien queríamos tanto.
Estoy segura de que seguirán pasando los años y mi cuerpo no será capaz de olvidar lo que ese día significó. Lo más importante para mí hubo que aplazarlo y dar espacio para que a las 2:30 pm el teléfono celular vibrara para avisarme que la verdad estaba tocando la puerta.

Trabajo y dolor se combinaron en las horas en que restaban de la tarde. Lo observaba a él desde mi habitación sentado frente a la computadora y el cuestionamiento aparecía como un estruendo en mi mente, ¿tenía derecho de pedirle que recordara que nuestro destino necesitaba atención?

Ahora el conejo blanco también se había sentado a mi lado, impaciente como siempre pero ya no para presionarme por hacer un tratamiento sino porque lo que había de suceder no debía aplazarse más. Su expresión me alentó a salir del cuarto y encontrarme con él, con sus ojos sumergidos en otro universo paralelo al mío, pero al que tuve que atraer, era momento de saber si los números en negro que desplegaba el email en esta ocasión nos elevarían al infinito.

6:40 pm - ****862.300 en la Cuantificación de Hormona GCH,*** *parecía que un asterisco al lado del número nos gritaba que, aunque no estábamos seguros de la respuesta era momento de hacer contacto con el hada al tiempo que el ritmo acelerado del corazón me hacía sentir que explotaría cada vena del pecho.*

Recostados en la cama, él al lado mío, con la respiración medio entrecortada, las manos sudorosas, chistes para aminorar la agónica espera y el celular a un lado como estrategia para "no verlo" y mantener la calma, pero los segundos transcurrían insoportables mientras aguardábamos que unas palabras hicieran realidad el milagro. Un tintineo que nos sacudió contenía la respuesta, el regalo más grande.

El hada volvía a hacer su magia, ***"felicidades, es un positivo"****. Sentí una explosión en mi interior, la contención y confusión emocional del día se colapsaba con sensaciones que recorrían cada espacio de mi ser; un sinfín de preguntas que parecían haber estado escondidas en los recovecos de las circunvoluciones cerebrales salieron a presión al recibir el banderazo de salida.*

La mano cálida de mi esposo acarició mi vientre, sentí un beso suave y tranquilo en la frente para después vernos a los ojos y saber que el sueño se hacía realidad. "Señoritas cometa" dijo él... en ese instante, no tenían un nombre, pero ya eran.

Minutos más tarde con una llamada para darnos instrucciones, felicitarnos nuevamente y también bajarnos un poco del cielo pues supimos que días después aún con los resultados recibidos habría que hacer estudios de sangre para reconfirmar su presencia y estabilidad en mi vientre, así como la propia cita en su consultorio para saber si era una o dos a quienes esperaríamos. Saber esos detalles me hicieron temblar y entendimos que habíamos de vivir esto día a día.

La creencia que alguna vez existió y que me decía que una vez logrado el embarazo nada podía detenerlo comenzaba a desvanecerse sin saber exactamente por qué, pero me aferré a la ilusión y esperanza de que las cosas podrían ir bien para nosotros.
Así como en esa jornada del ocho de noviembre nos abrazó la dualidad de la existencia humana transitando entre la vida y la muerte, tendríamos que entender que nuestra esencia es transitoria y delicada, suave como una pluma de pájaro que se mece en el viento, que cae y el viaje llega a su fin.

Tu presencia se quedó en mí, más allá de los instantes en que te vi en esa pantalla, eres mi pequeñita que cedió su lugar. Quizás tú eras la traviesa o quizás no, el detalle resulta irrelevante, porque un solo saquito se mostró en esa primera ocasión en que nosotros tus papás en el consultorio constatamos que el milagro no solo se sentía en el alma, también estaba en mi vientre.

Mi preciosa Annita gemela de María, la que siento en mi pecho y en mi mente, la que, igual que Diego, León y María vienen a visitarme en mis sueños, en los latidos punzantes que me obligan a observar la belleza de los días que a veces se acompañan de aleteos de mariposas que juegan entre mi ropa, de murmullos en el viento que calman mi alma, de risas interiores que me impulsan a seguir.

Annita, mi pequeña juguetona, eres y serás por toda la eternidad.

PARTE 3

ECOS DEL DUELO POR FERTILIDAD

La vida y la muerte se balancean y juguetean entre sí, lo hicieron conmigo y lo han hecho con cada persona que habita este planeta.

Los proyectos de vida y las ilusiones que acompañan a quienes desean convertirse en padres también se tambalean, en ocasiones consiguen el éxito añorado y en otras tantas la experiencia de la pérdida, del duelo, del soltar y dejar que se inserten como la nueva realidad a la que hay que abrazar con fuerza y compasión.

Nuestra ilusión y alegría máxima persistió por 9 semanas, las cuales valieron absolutamente cada una de las decisiones, inversiones y dolores que requirió el llegar hasta ahí. Aprendimos en el camino y dejamos semillas para el porvenir sin que durante la tormenta del dolor supiéramos el fruto que habríamos de recoger.

María, Anna, Diego y León me dejaron con un vacío que será imposible de llenar, sin importar el tiempo que pasé, las sonrisas que recuperé, las ganas de vivir y los tantos proyectos que aún quiero alcanzar. Siempre querré saber de qué color hubiera sido su cabello, sus ojos, el color de su piel y su olor. Añoraré cada ilusión que abracé por tanto tiempo y que fue la gasolina que me permitió andar paso a paso el proceso.

Su vida en la mía fue gestando más de lo que esperé y su pérdida hizo alquimia convirtiendo un hoyo sin fondo en un puente que ha alcanzado a muchos más corazones que provocan ecos ensordecedores. Cada letra de este manuscrito habla de ellos y de lo que otras voces aún no expresan, siguen en silencio invisibilizadas o pronuncian los primeros alientos para también pedir y nombrar lo que significa la vida en duelo por fertilidad o el ser padres y madres que abrazan a sus estrellas fulgurantes en el cielo sin que hubieran podido hacerlo aquí en la tierra.

Mi agradecimiento es inagotable para todas las mujeres que me han abrazado en este transitar transformador, a quienes a través de los círculos de duelo por fertilidad impulsados por Georgina González creadora de Duelo Respetado he podido acompañar compartiendo mi experiencia y facilitando sus procesos, pues el dolor que un día me hacía no querer vivir también me llevó a buscar ayuda y con ello a educarme en las formas con las cuales entender lo que tanto yo como muchos otros estábamos viviendo.

Hemos formado tribu y no hay por qué vivir en soledad lo que trae consigo "***la noche obscura del alma***"

Los ecos del dolor también claman a la transformación, a atrevernos a transitar, a reconstruirnos, a amar.

El proyecto que iniciamos para darle soporte a mujeres y parejas en procesos de reproducción asistida paró cuando le dijimos adiós a María, mi corazón no pudo soportarlo y todos los involucrados comprendieron el significado de lo sucedido. El apoyo fue incondicional y aun cuando la idea no se concretó en ese tiempo, la vida siempre permite sus revanchas, seguramente encontraremos las formas.

El hada, sigue siendo parte fundamental de mi vida, su magia y cuidados perduran. El lazo que nos unió no puede deshacerse jamás.

Honro el camino, el dolor y el amor de cada persona y cada alma que en este andar se ha entrelazado con la mía.

www.ingramcontent.com/pod-product-compliance
Lightning Source LLC
LaVergne TN
LVHW090518110826
845146LV00003B/903

9798993303987